国网山东省电力公司
综合计划与投资管理系列丛书

电网基建投资管理

国网山东省电力公司发展策划部　组编

中国电力出版社
CHINA ELECTRIC POWER PRESS

图书在版编目（CIP）数据

电网基建投资管理 / 国网山东省电力公司发展策划
部组编. -- 北京：中国电力出版社, 2024. 12. -- (国
网山东省电力公司综合计划与投资管理系列丛书).
ISBN 978-7-5198-9010-0

Ⅰ. F426.61
中国国家版本馆 CIP 数据核字第 20242CV045 号

出版发行：中国电力出版社
地　　址：北京市东城区北京站西街 19 号（邮政编码 100005）
网　　址：http://www.cepp.sgcc.com.cn
责任编辑：罗　艳　邓慧都
责任校对：黄　蓓　郝军燕
装帧设计：张俊霞
责任印制：石　雷

印　　刷：北京雁林吉兆印刷有限公司
版　　次：2024 年 12 月第一版
印　　次：2024 年 12 月北京第一次印刷
开　　本：710 毫米×1000 毫米　16 开本
印　　张：8.5
字　　数：133 千字
印　　数：0001—2500 册
定　　价：45.00 元

编 委 会

前　言

　　电网基建投资是为提供输配电服务而实施的新建、改扩建、电网资产购置等投资行为，是国网山东省电力公司（简称省公司）固定资产投资的主要组成部分。

　　为全面落实国家电网公司高质量发展工作部署，聚焦效率效益，保证项目精准落地，依据《中央企业投资监督管理办法》（国资委令第34号）、《国家电网有限公司投资管理规定》[国家电网企管〔2019〕425号之国网（发展/2）477—2019]等规章制度，发展部综合计划处（投资处）组织国网山东经研院、国网临沂供电公司、国网淄博供电公司、国网菏泽供电公司、国网泰安供电公司、国网济南供电公司等单位编制完成《国网山东省电力公司综合计划与投资管理系列丛书　电网基建投资管理》，为各单位高效开展电网基建投资管理相关业务提供基本指南。

　　本书紧抓投资"事前""事中""事后"一条主线，注重投资合规性管理，涵盖电网基建投资管理各个环节工作内容、业务流程、职责分工等，旨在简明介绍电网基建投资管理各项业务"是什么""怎么做"及"如何做好"，同时融合投资管理、投资执行管控和智慧评价三个信息化平台操作方法，进一步强化信息化支撑能力，不断提升电网基建投资专业人员技术和管理水平，提高投资管理工作质效，保障电网规划有效落地、投资成效精准显著，推动省公司和电网高质量发展。

本书在编写过程中得到了省公司领导的大力支持，同时得到了地市公司以及基层单位的帮助。在此，对所有关心支持本手册编写和出版工作的同志们表示衷心的感谢！手册中不妥和不尽人意之处恐难避免，热切希望专家和广大读者不吝赐教，批评指正。

编者

2024 年 10 月

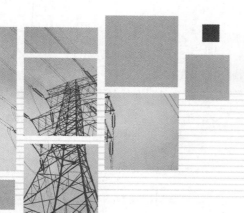

目　录

1

编制依据

《中央企业投资监督管理办法》（国资委令第 34 号）

《关于加强和规范电网规划投资管理工作的通知》（发改能源规〔2020〕816 号）

《中央政府投资项目后评价管理办法》（发改投资〔2008〕2959 号）

《企业投资项目核准和备案管理条例》（中华人民共和国国务院令第 673 号）

《关于清理规范城镇供水供电供气供暖行业收费　促进行业高质量发展的意见》（国办函〔2020〕129 号）

《国家电网有限公司综合计划管理办法》（国家电网企管〔2021〕64 号之国网（发展/2）361—2021）

《国家电网有限公司投资管理规定》[国家电网企管〔2019〕425 号之国网（发展/2）477—2019]

《国网山东省电力公司电网基建投资计划管理办法（试行）》（鲁电企管〔2021〕122 号）

《国家电网公司固定资产投资项目后评价实施规定》

《国家电网有限公司电网资产收购管理办法》（国家电网企管〔2019〕907 号）

《配电网规划设计技术导则》（DL/T 5729—2016）

《110（66）kV～750kV 交流输变电工程后评价内容深度规定》（Q/GDW 11622—2017）

《山东省企业投资项目核准和备案办法》（省政府令第 326 号）

《国网山东省电力公司关于印发〈国网山东省电力公司 35～500 千伏电网基建项目中止、终止实施细则〉等 3 项实施细则的通知》（鲁电发展〔2023〕106 号）

术语和定义

独立二次项目

纳入电网基建程序管理的配电自动化、通信、调度自动化新建或整体改造项目。

绿色通道机制

按照"先备案实施，后纳入计划调整"的原则，畅通应急项目纳入计划绿色通道，包括因自然灾害或不可抗力威胁电网安全的且未纳入年初综合计划的项目以及可再生能源接入、业扩配套等项目。110kV 及以上项目完成可研批复后，即可报省公司备案，并行办理核准手续，省公司收到备案文件和核准文件后，即时完成项目立项；35kV 及以下项目由市公司在预控额度内自主安排。

财务支出法

财务支出法更加强调"数出有据、直接采集"，投资额依据合法凭证规范填报，以凭证取得时点作为计量时点、以最终合同价为计量基准。统计范围增加结转项目，报送终点延长至决算。投资统计人员不再参与数据计算，统计方式更加客观，统计结果更为精确。

应开未开项目

本年计划内项目超过计划开工时间但未实际开工项目。

应投未投项目

本年计划内项目超过计划投产时间但未实际投产项目。

里程碑建设计划

电网基建项目在建设周期内关键节点的计划安排，包括项目开工日期、投产日期以及项目前期、后续结算决算日期等。

结转项目

投资计划在上年底及之前已全部下达，但截至上年底仍未投产，在本年继续建设或投产的项目。

收尾项目

新开工项目且已投产未决算，在决算年度仍需安排投资计划的项目。

二上二下

在投资和综合计划管理中，国网、省、市、县四级贯通的管理流程。"一上"：自下而上汇总投资需求，最终由国网总部研究确定总控目标。"一下"：自上而下下达总控目标。"二上"：各级单位按照总控目标编制计划建议后，自下而上汇总计划建议，根据管理权限，最终由国网总部或省公司研究确定计划项目。"二下"：自上而下下达计划项目，各级单位分解下达执行。

超长工期项目

10kV 及以下项目 ERP 超过一年未关闭；35kV 项目实际建设工期（当前时间－实际开工时间）大于 14 个月；110kV 项目实际建设工期大于 20 个月；220kV 项目实际建设工期大于 26 个月；500kV 项目实际建设工期大于 30 个月。

投资完成率

本年投资完成值与本年投资计划值的比值。

投资到红线

按照 129 号文规定的投资界面安排项目投资。

3

工作范围

3.1　职责定位及目标

电网基建投资管理是贯穿电网基建项目全过程的重要环节，通过项目储备管理衔接电网规划和前期计划，编制投资计划，管控建设进度与造价，并通过后评价指导规划编制、辅助前期决策、总结管理经验，实现全过程闭环反馈。投资管理业务职责定位如图 3-1 所示。

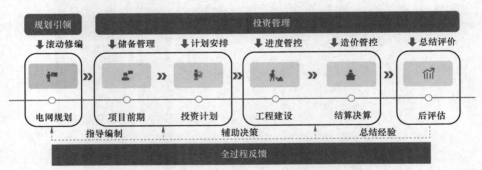

图 3-1　投资管理业务职责定位

电网基建投资管理的主要目标是通过精准投资管控手段，在有限的投资能力约束下，统筹算好政治、经济和社会三本账，实现投资经济效益和社会效益最大化。

3.2　电网基建、生产技改、生产大修投资界面

电网基建投资主要面向电网基建项目，电网基建项目与生产技改、生产大

修等专项投资存在严格的管理界面。各专项管理界面见表 3-1。

表 3-1　　　　　　　电网基建、生产技改和生产大修专项管理界面

序号	类别	投入范围	备注
1	电网基建	（1）各级供电企业电网建设和扩展性改造项目； （2）各级供电企业独立二次项目（总投资 1000 万元以上，独立于输变电工程一次系统以外的配电自动化、通信、调度自动化新建或整体改造项目）； （3）新源公司、各级供电企业的常规水电站、抽水蓄能电站建设、扩展性改造项目	
2	生产技改	（1）各级供电企业电网一次设备、变电站自动化系统、调度自动化系统、继电保护及安全自动装置、电力通信系统、自动控制设备、电网生产建筑物、构筑物等辅助及附属设施、安全技术劳动保护设施、非贸易结算电能计量装置、监测装置技术改造项目； （2）新源公司、各级供电企业（非省管产业、非代管）常规水电站、抽水蓄能电站相关生产设备设施，以及生产建筑物、构筑物等辅助及附属设施、安全技术劳动保护设施、非贸易结算电能计量装置、监测装置技术改造项目	（1）不含整站、整线或扩大电网规模、提高输电能力的整变、整间隔改造； （2）不含营销、信息以及归入省公司产业管理的技术改造； （3）不含生产辅助性配套设施、房屋等建设、改造和装修
3	生产大修	（1）各级供电企业电网一次设备、变电站自动化系统、调度自动化系统、继电保护及安全自动装置、电力通信系统、自动控制设备、电网生产建筑物、构筑物等辅助及附属设施、安全技术劳动保护设施、非贸易结算电能计量装置、监测装置修理项目； （2）新源公司、各级供电企业常规水电站、抽水蓄能电站相关生产设备设施，以及生产建筑物、构筑物等辅助及附属设施、安全技术劳动保护设施、非贸易结算电能计量装置、监测装置修理项目	

3.3　业务流程及内容

3.3.1　业务流程

电网投资管理工作内容包括事前决策、事中管控和事后评价。投资管理整体业务流程如图 3-2 所示。

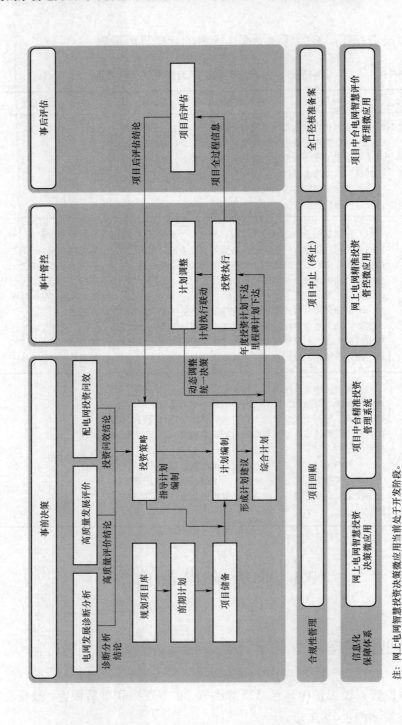

图 3-2　投资管理整体业务流程

注：网上电网智慧投资决策微应用当前处于开发阶段。

3.3.2　业务内容

事前决策：包括电网发展诊断、高质量发展评价、配电网投资问效、投资策略制订、项目储备管理、投资计划编制等业务。主要以"合规高效"为目标，通过电网发展诊断、高质量发展评价、配电网投资问效等业务，科学研判电网发展需求，结合项目后评价成果，制订投资策略，明确投资方向、规模、结构和时序，指导项目储备和投资计划编制。"事前决策"环节业务流程如图 3-3 所示。

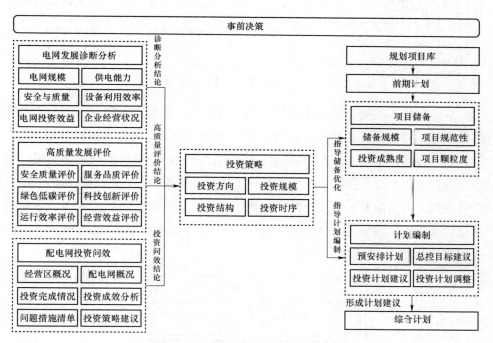

图 3-3　"事前决策"环节业务流程

事中管控：主要包括执行情况管控、计划调整等业务。对于纳入投资计划的项目，定期开展投资执行情况分析，督促计划刚性执行；充分考虑内外部环境因素变化，结合项目建设进度和财务入账进度，审慎提出计划调整建议，严格履行调整程序，保障计划精准执行；对于因自然灾害或不可抗力突发的、威胁电网安全的应急项目以及可再生能源接入、业扩包装配套等项目，开辟"先备案立项实施，后统一纳入计划调整"的绿色通道，实现计划灵活执行。"事中管控"环节业务流程如图 3－4 所示。

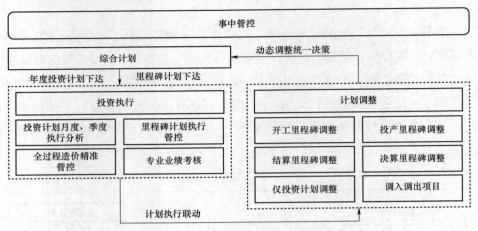

图 3－4　"事中管控"环节业务流程

事后评价：主要包括全覆盖线上后评价、典型项目（专题）评价。依托信息化系统，开展全覆盖线上后评价，深入挖掘投资规律，形成后评价成果库，指导后续投资计划安排；典型项目（专题）后评价结合投资管理工作实际，利用全覆盖线上后评价成果，深度评价典型项目（专题）的实施过程、运营情况、经济效益、社会效益、环境影响、可持续性及合规性，总结经验教训，提出工作建议和措施，反馈相关专业和单位，迭代提升管理水平。"事后评价"环节业务流程如图 3－5 所示。

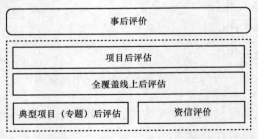

图 3－5　"事后评价"环节业务流程

事前决策

投资事前决策主要包括电网发展诊断分析、高质量发展评价、配电网投资问效、投资策略制订、储备项目管理、投资计划编制等工作。

4.1 电网发展诊断分析

4.1.1 工作目的

电网发展诊断分析是国家电网公司年度常规工作之一，通过省、市、县三级对电网发展协调性、供电能力、电网安全性、可靠性、利用效率、装备水平和投资效益等深入全面诊断，排查电网运行安全隐患和薄弱环节，针对性制订解决措施，为编制电网基建投资策略和计划提供依据。

4.1.2 工作内容

根据国家电网公司历年工作安排，省、市、县三级电网发展诊断分析报告内容有所不同，但主要内容均包括电网发展规模及速度、供电能力、电网安全、效率效益、装备水平、计划建议等方面。

（1）电网发展规模及速度分析。通过统计各电压等级现有变电和线路规模及增长速度、负荷、电量、电源、储能等规模与变化趋势，分析电网发展协调性。

（2）供电能力分析。针对区域供电能力，分电压等级分析区域容载比是否合理；针对设备供电能力，逐变、逐线分析设备重过载原因，制订解决措施，需要电网基建项目解决的，关联具体项目，明确项目进度和问题解决时限。

（3）电网安全分析。对于 220kV 及以上输电网，重点分析 $N-1$ 通过率、同塔双回 $N-2$ 通过率、短路电流水平、安全隐患等指标。对于 110kV 及以下配电网，重点分析标准化网架结构、$N-1$ 通过率、单线单变、10kV 有效互联率等指标。对于 35kV 及以上电压等级安全保供问题，逐变、逐线分析原因，制订解决措施，需要基建项目解决的，关联具体项目，明确项目进度和问题解决时限。对于 10kV 及以下电网安全保供问题，分类制订解决措施，明确解决时限。

（4）效率效益分析。分析电网设备利用效率，针对轻空载及低效设备，逐变、逐线分析原因，提出解决方案及城乡差异化利用效率提升措施。分析电网投资经济效益和社会效益。

（5）装备水平分析。分析运行设备运行年限分布、退役设备平均运行年限、自动化水平等，明确老旧及高损配电变压器，对于设备状态评价为严重的，统筹电网基建、技改大修、设备轮换等方式提出解决措施。

（6）投资计划建议。省级电网诊断根据营业收入、净利润、资产负债率等指标，分析企业经营情况和电价水平，提出企业发展相关建议。市县级电网诊断通过规划约束、电量约束，测算市县投资规模。发挥电网诊断对投资策略和投资计划的指导作用，依据安全保供、效率效益相关结论，提出投资计划建议"三项清单"。其中：

正面清单主要包括安全保供类和政策战略类项目，优先考虑纳入投资计划；

负面清单主要包括容载比长期超上限区域和低效设备周边新增变电容量的项目，非必要不纳入投资计划，确需列入计划的项目，应充分论证建设必要性；

常规排序清单主要包括满足负荷增长、加强网架结构的项目，按照轻重缓急排序，综合研判是否纳入投资计划。

4.1.3　职责分工

电网发展诊断分析职责分工见表4-1。

表4-1　　　　　　　　　电网发展诊断分析职责分工

单位	部门	职责分工
省公司	发展部	（1）负责组织开展年度电网发展诊断分析工作； （2）负责组织制订省、市两级电网发展诊断分析报告大纲； （3）负责组织编制省级电网发展诊断分析报告，组织内审省级电网发展诊断分析报告，组织评审市级电网发展诊断分析报告； （4）负责提供规划、投资和统计相关数据和资料
	财务部	（1）负责提供专业数据和资料，并进行相关内容分析； （2）参与内审省级电网发展诊断分析报告
	设备部	
	营销部	
	调控中心	
	交易中心	
	安监部	（1）负责结合省公司安全整治专项工作成果，明确需通过电网基建解决的安全问题； （2）参与内审省级电网发展诊断分析报告
市公司	发展部	（1）负责组织开展市、县两级电网发展诊断分析工作； （2）负责组织制订县级电网发展诊断分析报告大纲； （3）负责组织编制市级、县级电网发展诊断分析报告，组织评审县级电网发展诊断分析报告； （4）负责提供规划、投资和统计相关数据和资料
	财务部	负责提供专业数据和资料，并进行相关内容分析
	运检部	
	营销部	
	调控中心	
	安监部	负责结合市公司安全整治专项工作成果，明确需通过电网基建解决的安全问题
	经研所	（1）负责编制市级电网发展诊断分析报告； （2）负责评审县级电网发展诊断分析报告，出具评审意见； （3）负责为县公司开展电网发展诊断分析工作提供技术支撑
县公司	—	负责编制县级电网发展诊断分析报告
经研院	—	（1）负责编制省级电网发展诊断分析报告； （2）负责评审市级电网发展诊断分析报告，出具评审意见； （3）负责为市、县公司开展电网发展诊断分析工作提供技术支撑

4.1.4 业务流程

电网发展诊断分析工作主要分为数据收集、报告编制、成果审查三个阶段。电网发展诊断分析业务流程如图4-1所示。

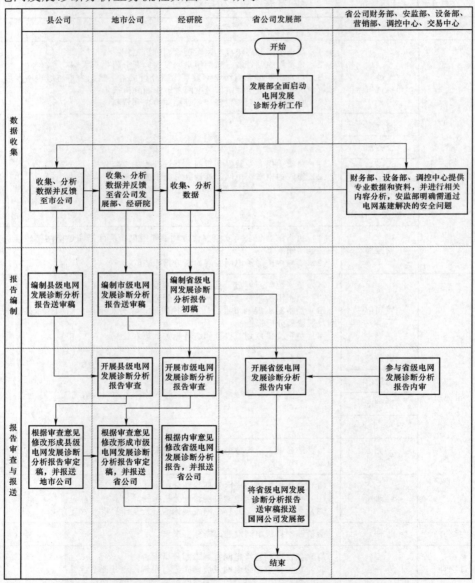

图4-1 电网发展诊断分析业务流程

（1）数据收集阶段（约每年 3 月下旬）。电网发展诊断分析的基础数据主要包括电网规模数据、设备运行数据和电网运行数据，重点包括电源、电网、负荷现状规模数据，设备最大负荷、累计电量，各类运行方式下电网运行问题数据等。涉及收资部门（专业）主要包括统计专业、调度运行专业、设备（运检）专业、营销专业等。收资方式主要为"网上电网"查询和专业部门提供。关键指标数据及来源见表 4-2。

表 4-2 关键指标数据及来源

对应维度	数据名称	负责专业	数据来源	信息系统支撑
电网发展规模与速度	年度变电、线路、间隔规模	发展	发展专业设备年报	网上电网－源网荷储统计
	负荷数据、电量	发展、调度	全社会数据：发展专业电力月报 统调数据：调度专业年度运行方式	网上电网－发供用统计
	电源规模	发展	发展专业电力月报	网上电网－源网荷储统计
供电能力及效率效益	设备运行数据	调度	调度专业从调度系统按格式导出数据	网上电网－指标溯源
	项目规划、前期信息	发展	发展专业规划项目表、前期计划表	网上电网－规划管理或前期管理
	投资数据	发展	发展专业固定资产统计报表	网上电网－自动智能投资统计
电网安全与设备水平	网架问题	发展、调度	调度专业年度运行方式 发展专业规划报告	—
	设备运行年限	运检	运检专业统计报表	—
企业发展情况	企业经营数据	财务	财务专业经营等统计报表	—

（2）报告编制阶段（约每年 3 月底～4 月）。基于数据和资料，编制各级电网发展诊断分析报告。电网发展诊断指标体系见附录 A。

（3）成果审查阶段（约每年 5 月）。按照"逐级审查"原则，开展诊断成果审查，形成贯通省、市、县三级的成果体系。

4.2 高质量发展评价

4.2.1 工作目的

从安全质量、服务品质、绿色低碳、经营效益、运营效率、科技创新6个维度评价企业发展水平，查找制约高质量发展的根本问题和本质原因，指导年度投资策略制订。高质量发展评价指标体系如图4-2所示。

与电网发展诊断重点聚焦电网运行、以问题为导向不同，高质量发展评价是从企业发展的角度分析，以"高质量发展"这一目标为导向，对比分析企业发展与高质量发展目标的差距，针对差距较大的指标形成企业发展"体检表"，因此指标体系涵盖安全质量、服务品质等企业发展各个方面。企业高质量发展评价指标体系详见附录B。

4.2.2 职责分工

高质量发展评价职责分工见表4-3。

表4-3 高质量发展评价职责分工

单位	部门	职责分工
省公司	发展部	（1）负责组织开展省公司电网业务高质量发展评价工作。 （2）负责组织收集省公司经营发展指标数据及设备利用效率数据。 （3）负责根据国家电网公司评分结果组织编制高质量发展"体检表"
	财务部	负责配合提供各自专业指标数据
	人资部	
	安监部	
	设备部	
	营销部	
	科技部	
	数字化部	
	调控中心	
市公司	—	负责收集设备利用效率数据
经研院	—	（1）负责收集省公司经营发展指标数据。 （2）负责根据国家电网公司评分结果编制高质量发展"体检表"

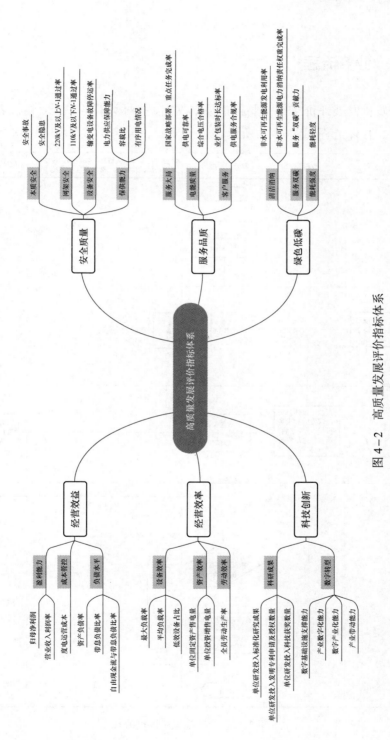

图4-2　高质量发展评价指标体系

4.2.3　业务流程

高质量发展评价工作主要包括数据收集、指标计算与填报、体检表编制三个阶段。具体流程如图4-3所示。

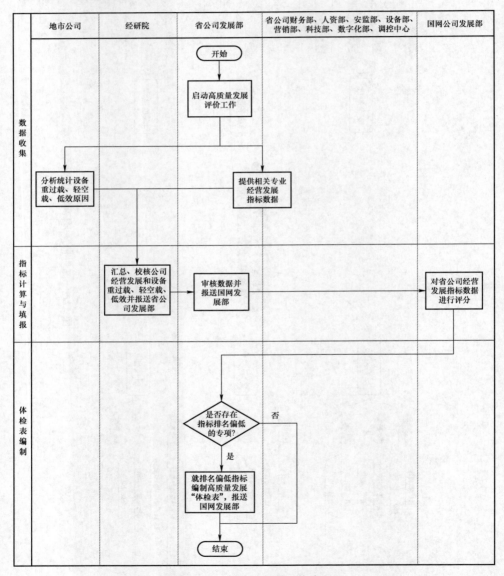

图4-3　高质量发展评价流程

（1）数据收集阶段：省公司发展部组织财务部、人资部、安监部、设备部、营销部、科技部、数字化部、调控中心开展省公司经营发展数据收集；组织市公司开展本单位电网设备重过载、轻空载及低效原因分析统计。

（2）指标计算与填报阶段：省公司发展部组织经研院根据各部门反馈的数据，计算企业高质量发展指标，填报高质量发展数据收集表，汇总全省电网设备重过载、轻空载及低效原因分析统计表，并将统计表报送国网发展部。

（3）体检表编制阶段：省公司发展部根据国家电网公司对省公司高质量发展评分结果，围绕排名偏低的指标组织经研院编制高质量发展体检表并反馈至国网发展部。

4.3 配电网投资问效

4.3.1 工作目的

充分结合电网发展诊断、高质量发展评价等成果，深化配电网投入产出分析，加大力度治理运行效率、供电质量等方面问题，提升精准投资管理水平，实现质的有效提升和量的合理增长。

与电网发展诊断分析、高质量发展评价相比，配电网投资问效侧重于以投入产出这一结果为导向，深挖导致近几年投入产出指标变化及原因，指导下一步投资安排。

4.3.2 工作内容

配电网投资问效工作主要从经营区概况与投资情况、配电网投资成效、问题—措施清单、投资策略建议等方面对配电网发展情况进行深入剖析，主要工作内容如下。

（1）经营区概况与投资。重点描述地区地理位置、区域面积、人口数量、地形地势、交通情况、资源禀赋等基本特征；统计分析区域经济发展形势，区域全社会用电量规模、电量结构和发展趋势，区域售电量规模及售电量结构变化趋势；分析区域内公用配电网规模；分析区域内负荷正常趋势及特性，明确近期负荷增长点；分析区域内近年来电源建设规模和发展趋势；分析区域内近年来配电网投资完成情况。

（2）配电网投资成效。围绕指标体系，分为效率效益成效分析、安全保供成效分析、优质服务成效分析、计划执行成效分析和配电网综合"画像"五个方面。配电网投资问效指标分析见表 4-4。

表 4-4　　　　　　　　　　配电网投资问效指标分析

指标维度	指标名称	分析内容	指标判据
效率效益	容载比	分析本市及下辖各区县 110-35kV 容载比指标情况	对于容载比超出《导则》要求的情况详述原因，并从各区县横向对比与历年纵向变化两个角度分析电网对负荷增长的适应能力
	负载率	分析 110kV 及以下主（配）变、线路最大负载率、平均负载率指标情况及变化原因	对于负载率长期偏低的区域，重点分析问题原因
	单位投资降损电量	计算近年来 110kV 及以下单位投资降损电量指标结果，分析指标变化情况并说明原因	如本单位指标较上年同比下降，或对省公司整体指标贡献度较上年同比下降，应重点分析
	单位投资增售电量	计算近年来 110kV 及以下单位投资增售电量指标结果，分析指标变化情况并说明原因	如本单位指标较上年同比下降，或对省公司整体指标贡献度较上年同比下降，应重点分析
	政策资金支持情况	分析近两年促请政府发布相关政策资金文件主要内容，并分析执行情况	—
安全保供	$N-1$ 通过率	分析 110-35kV 主变和线路"$N-1$"通过率，对比指标变化情况并分析变化原因	如指标较上年同比下降，应重点分析原因
	10kV 线路有效互联率	统计 10kV 线路有效互联率，分析本区域 10kV 线路有效互联情况	如本区域 10kV 线路不满足 100% 有效互联，重点分析原因并提出城乡差异化优化措施
	供电可靠率	分析区域内供电可靠率，对比指标变化情况并分析变化原因	如指标较上年同比下降，重点分析论述并提出城乡差异化优化措施
	可调节负荷占比	统计区域内可调节负荷容量及占比	可调节负荷占比未达到 5%，结合指标量化数据，进行重点分析论述
优质服务	电压合格率	统计本区域内城农网电压合格率，分析指标变化原因	如指标较上年同比下降，进行重点分析论述
	供电质量投诉率	统计区域内近两年电压质量长时间异常投诉数、供电频率长时间异常投诉数、频繁停电长时间异常投诉数情况	如指标较去年同比上升，进行重点分析论述

指标维度	指标名称	分析内容	指标判据
优质服务	单位投资增供扩销水平	分析单位投资增供扩销水平，并分析省公司整体指标贡献度变化原因	如本单位指标较上年同比下降，或某区县指标明显低于全市平均水平，应进行重点分析论述并提出优化措施
	分布式新能源承载率	分析本单位服务分布式新能源发展情况，总结在新能源消纳方面取得的社会效益；根据分布式新能源接入配变占比，分析本区域分布式新能源的承载能力及可开放容量	结合服务分布式新能源发展短板，同步制订提升措施
计划执行	应开未开项目数量	统计上年度各电压等级配电网基建项目应开未开情况	如有应开未开项目，应逐项分析原因，制订解决措施
	应投未投项目数量	统计上年度各电压等级配电网基建项目应投未投情况	如有应投未投项目，应逐项分析原因，制订解决措施
	超期项目数量	统计上年度各电压等级配电网基建项目超期情况	如有超期项目，应逐项分析原因，制订解决措施

配电网综合"画像"应根据各单位自身配电网情况选择重点关注指标，展示本单位配电网发展画像，分析本单位配电网发展的特点及长短板。

（3）问题—措施清单。量化评估配电网投入产出，找准效率效益、安全保供、优质服务、计划管控方面的问题短板，形成配电网发展"体检表"。其中：

效率效益方面，对于冗余度高、线损率高、利用率低的设备，逐项分析原因，优先采用轮换主变、切改线路、倒接负荷等措施，优化负荷分布，提高运行效率。确需通过配套电网基建项目解决的，加强项目论证，确保投资效益。形成设备重过载、轻空载和低效 3 项问题—措施清单。

安全保供方面，对于不满足"$N-1$"校核、10kV 有效互联率低、供电可靠率低等问题，优先采用调整运行方式、加强运维检修等措施，保障电网安全运行。确需通过配套基建项目解决的，处理好安全与效率的关系，避免增加电网冗余度。形成 35～110kV 不满足"$N-1$"和 10kV 不满足有效互联 2 项问题—措施清单。

优质服务方面，对于低电压、频繁停电等问题，优先采用不停电作业、故障抢修、无功补偿设备投切等措施，保障供电质量，提高用户满意度。确需通过配套电网基建项目解决的，关联具体项目，明确解决时限，提高响应速度。形成低电压、频繁停电 2 项问题—措施清单。

计划管控方面，对于应开未开、应投未投、超期项目等问题，逐项分析原因，提出优化措施，限期整改销号，加快推进存量问题"见底清零"，增量问题"动态清零"，确保计划精准执行。形成配电网基建应开未开、应投未投、超期项目3项问题—措施清单。

（4）投资策略建议部分。一方面应围绕效率效益、安全保供、优质服务三个维度的问效指标，以投资需求为基础，以投资能力为约束，以效率效益为目标导向，制订总体投资策略，综合考虑电网企业与地区特点，明确投资重点与方向；另一方面应基于各项投资问效指标分析结果和问题—措施清单，根据项目储备情况，从效率效益、安全保供、优质服务三方面提出配电网基建项目计划建议和具体投资策略。

4.3.3　职责分工

配电网投资问效职责分工见表4-5。

表4-5　　　　　　　　　　配电网投资问效职责分工

单位	部门	职责分工
省公司	发展部	（1）负责总体组织、工作方案制订； （2）负责组织编制省、市两级配电网投资问效工作报告大纲； （3）负责组织编制省级配电网投资问效工作报告，组织内审省配电网投资问效工作报告，组织评审市级配电网投资问效工作报告； （4）负责提供规划、投资和统计相关数据和资料
	设备部	（1）负责提供专业数据和资料，开展省级配电网投资问效工作报告相关内容分析； （2）负责参与内审省级配电网投资问效工作报告
	营销部	
市公司	发展部	（1）负责组织编制市级配电网投资问效工作报告； （2）负责组织县公司开展配电网投资问效相关工作； （3）负责提供规划、投资和统计相关数据和资料
	运检部	负责提供专业数据和资料，开展市级配电网投资问效工作报告相关内容分析
	营销部	
	经研所	（1）负责编制市级配电网投资问效工作报告； （2）负责为县公司提供技术支撑
县公司	—	负责配合开展配电网投资问效相关工作
经研院	—	（1）负责编制省级配电网投资问效工作报告，评审市级配电网投资问效工作报告，出具评审意见； （2）负责为市公司提供技术支撑

4.3.4 业务流程

配电网投资问效工作主要包括数据收集、报告编制、成果审查与深化三个阶段。配电网投资问效流程如图4-4所示。

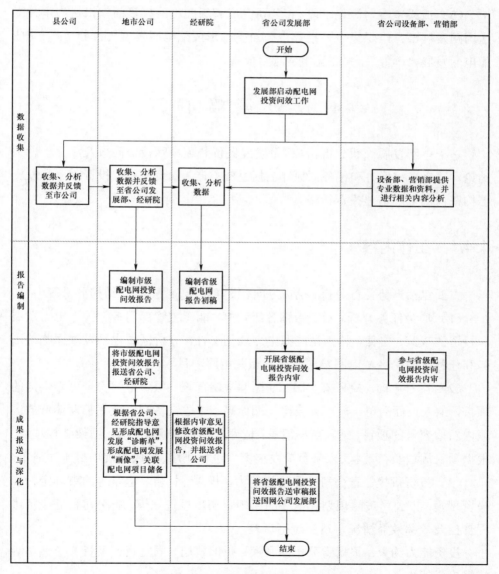

图4-4 配电网投资问效流程

（1）数据收集阶段。发展部组织设备部（运检部）、营销部等部门，收集汇总用于报告编制的基础数据，按照配电网投资问效指标体系规定的计算方法计算得到相关指标值。配电网投资问效指标体系详见附录C。

（2）报告编制阶段。市公司发展部组织经研所完成市级配电网投资问效报告；省公司发展部组织经研院完成省级配电网投资问效报告。

（3）成果审查与深化阶段。省公司完成省级配电网投资问效报告内审并报送国网发展部；组织经研院指导市公司整理形成配电网发展"诊断单"，完成配电网发展"画像"，关联配电网项目储备。

4.4　投资策略制订

基于电网发展诊断分析、高质量发展评价和配电网投资问效及后评价相关结论，结合当前形势和任务，制订包括投资方向、投资规模、投资时序和投资结构在内的电网基建投资策略。

4.4.1　工作内容

主要包括形势任务分析、投资方向、投资规模、投资时序结构分析等内容。

（1）形势任务分析。紧密跟踪各级政府、能源主管部门最新关于电力发展和投资的政策、文件，特别是能源电力规划文件，分析区域电网发展面临的形势和任务，明确区域电网发展重点及相关电网项目。

（2）投资方向。梳理落实国家、国网战略部署、保障电网安全可靠供电的项目，纳入正面清单；梳理容载比长期偏高、周边设备利用效率长期偏低的区域内新增容量的项目，纳入负面清单；梳理满足负荷增长、强化网架结构项目，根据项目周边负荷现状、未来负荷发展潜力进行排序，形成常规项目排序清单。

（3）投资规模。省公司按照投资能力、规划、核价、电量等约束确定初步投资规模；市公司按照规划和电量约束确定初步投资规模，省公司根据投资过程管控及效率效益情况，适当进行调整。

投资能力约束：根据省公司净利润、折旧费用、固定资产及资产负债率等计算投资能力。

规划约束：根据五年电网规划投资、已完成投资、当年计划投资，测算剩余年度年均规划投资规模。

核价约束：根据输配电价核价新增投资规模，测算年均核价投资规模。

电量效益约束：按照单位投资售电量不低于上一年度的原则，将本年度计划投资乘以预计下一年度电量增速，得出下一年度电量效益约束。

（4）投资时序和结构。根据本年投资计划及滚动调整建议，确定次年续建项目明细及投资时序。因新开工项目投资统计核算方式改为"财务支出法"，需将计划延伸至决算阶段，分当年不投产、投产且决算、投产未决算三类确定年度投资及结转规模。在投资规模约束下，根据"三项清单"确定新开工项目明细，考虑电源、上下级电网、迎峰度夏（冬）等多种因素综合确定开工、投产时间，预测项目投资入账进度，分新开工与续建、分各电压等级、分城农网确定投资结构。

4.4.2 职责分工

投资策略制订职责分工见表 4-6。

表 4-6　　　　　　　　　　投资策略制订职责分工

责任部门	职责分工
省、市公司发展部	牵头制订本单位投资策略
省、市公司财务部	提供投资能力测算需要的输配电价、经营成本等数据
经研院（所）	配合开展投资策略研究

4.4.3 业务问答

（1）**问题**：政策性投资包括哪些专项？

答：政策性投资是省公司在国家电网公司统一安排的基础上，根据自身发展需要，自行确定的具体投资类型，主要包括大型风电光伏基地送出、重大活动保电、煤改电、新能源接网、电铁供电、新型电力系统示范、高层住宅小区双电源改造、中央农网、城镇老旧小区改造、特高压配套、配电网抗覆冰改造、高效节能变压器增容改造、局部电网加强等专项。

（2）**问题**：投资能力测算的具体内容是什么？

答：投资能力测算主要涉及规划投资约束、核价投资约束和电量效益约束 3 个方面。规划投资约束主要考虑当前五年电网规划中剩余年均规划投资额度；核价投资约束主要考虑监管周期内预计年均核价投资规模；电量效益约束主要按照新增电网投资必须带来电量效益原则，根据预计售电量增速测算次年投资增长情况。最终投资规模一般取三者较小值，并根据项目执行情况确定。

4.5　储备项目与储备库管理

广义上讲，有明确投资需求的项目均可称为投资储备项目。储备项目需纳入储备库才能安排计划。储备项目纳入储备库需依据规划、计划，结合当年投资策略，按照匹配性、合规性原则，及时纳入储备库，同时做好与规划、前期充分衔接。

需要纳入投资计划的项目必须来自储备库，项目储备库介于项目前期计划与项目计划编制之间，向前衔接项目前期计划和规划库，向后支撑投资计划，储备库所处位置如图 4－5 所示。项目在前期工作进展到一定程度后（35kV 及以上取得可研评审意见、10kV 及以下完成可研），可纳入储备库，为计划编制奠定项目基础。项目储备按年度开展，储备年一般为下一年（比如 2023 年开展储备工作，一般储备年份为 2024 年，为编制 2024 年计划奠定基础）。

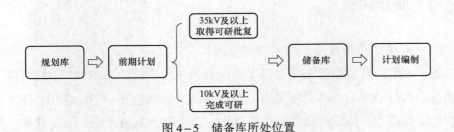

图 4－5　储备库所处位置

目前，项目储备库管理功能已在"网上电网"投资管理模块上线，相关操作详见 8.1 节。

4.5.1　项目储备原则

项目储备原则主要包括匹配性原则和合规性原则。

匹配性原则：常态化项目储备，储备进度应与时间进度相匹配，对满足储备条件的项目及时纳入项目储备库管理；可通过与上年新开工项目的比较，评估不同电压等级、不同区域储备进度情况。

合规性原则：项目储备应按照 35kV 及以上项目取得可研批复、10kV 及以下项目完成可研等成熟度条件开展。储备项目的颗粒度应符合分解颗粒度要求，基础信息应准确。

4.5.2　职责分工

各电压等级项目储备职责分工见表 4-7。

表 4-7　　　　　　　　各电压等级项目储备职责分工

电压等级	责任单位	支撑机构
500kV	省公司	省经研院
35～220kV、城网 10kV	市公司	经研所
农网 10kV	县公司	—

4.5.3　业务流程

项目储备库管理主要包括项目梳理和反馈、常态储备、合规性检查三部分。

（1）项目梳理和反馈。根据投资策略，结合正面清单、负面清单和常规排序清单，梳理项目必要性、紧迫程度和前期进展。

（2）常态储备。省公司实行项目常态储备机制，按需实时入库、动态调整，各级发展部根据职责权限，将满足入库条件的项目及时纳入储备库。项目入储时，应按照实际情况准确填报项目所在地、计划年份、功能类别等属性信息。相关操作均在"网上电网"投资管理模块中开展。

（3）合规性检查。项目储备后，应进行成熟度、颗粒度、项目信息等合规性检查，其中，成熟度检查主要核查入储 35kV 及以上项目可研批复情况，入储项目可研批复率应为 100%；颗粒度检查主要核查 10kV 项目颗粒度，一般在 200 万元~500 万元/项；合规性检查主要核实项目资金来源、年度计划等信息。相关操作均在"网上电网"投资管理模块中开展。

4.5.4　业务问答

问题：纳入项目储备库的条件是什么？

答：特高压和跨境跨省电网项目应纳入国家电网公司总部审定的电网总体规划，35~500kV 项目和独立二次项目应取得可研评审意见，10kV 及以下项目应完成可行性研究。

4.6　投　资　计　划　编　制

电网基建投资计划编制主要包含征地类前期费计划编制、预安排投资计划编制和年度投资计划编制，投资计划项目结构如图 4-6（a）所示。其中，征地类前期费计划主要面向次年一季度前急需开工的输变电项目；预安排计划主要面向上半年开工的大中型基建和中低压项目；年度投资计划包含预安排计划，面向全年开工的大中型基建项目、12 月份开工准备项目、中低压项目以及独立二次项目，投资计划开工时间结构如图 4-6（b）所示。

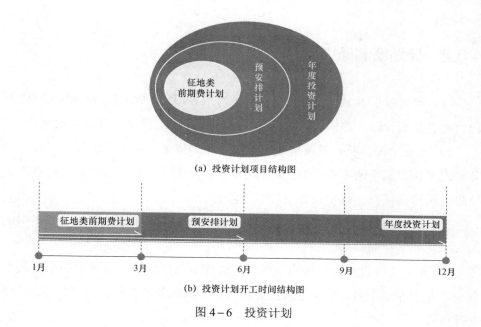

(a) 投资计划项目结构图

(b) 投资计划开工时间结构图

图 4-6 投资计划

4.6.1 计划编制范围

（1）征地类前期费用计划。为保障次年一季度开工项目站址征地补偿、行政审批、工程清理等工程前期工作资金支付需求，需要提前列支工程前期费用的输变电项目纳入征地类前期费用计划。省公司重点明确 500kV 征地类前期费计划项目需求；市公司重点明确 35～220kV 征地类前期费计划项目需求。

（2）年度投资计划和预安排计划。纳入年度投资计划的项目是指按照电网规划方案和项目建设时序，结合项目建设必要性、紧迫性、可行性和投资效率效益，参照"三个清单"，逐项明确次年全年开工的项目。其中，对于次年上半年急需实施且需要提前至本年组织招标采购的项目，需纳入预安排计划，预安排项目必须纳入项目储备库并完成可研（方案）批复。建设公司提出 500kV 项目年度投资（预安排）需求建议，市公司提出 220kV 及以下项目年度投资（预安排）需求建议，县公司提出 10kV 及以下项目年度投资（预安排）需求建议，由省公司审查后明确 500kV 及以下项目年度投资（预安排）计划。

4.6.2 计划编制原则

（1）年度投资计划。以电网投资策略为指导，以电网规划为基础，按照"既稳当前、又利长远"的原则，科学编制电网投资计划建议。具体原则有：

1）充分衔接诊断、高质量发展及投资问效成果。原则上纳入投资计划的项目均来自"三个清单"，优先安排政策性以及提升电网安全稳定运行水平、消除电网薄弱环节、解决设备重过载的项目。

2）充分衔接规划和前期计划。原则上未列入年度核准计划的项目不得纳入次年新开工计划。

3）充分论证设备利用效率。对于周边变电站平均负载率低于20%、最大负载率低于50%项目，除满足新能源接入、电铁供电等必须必要项目外，不得安排投资计划。

4）科学安排开工、投产时序。结合项目前期进度、合理工期等，科学确定项目里程碑，大中型基建项目要逐项明确开工、投产节点。原则上，全年开工的线路和变电里程碑规模，一季度占比不低于18%、上半年占比不低于50%，12月争取开工的里程碑规模占比不高于15%。全年投产的线路和变电里程碑规模，一季度占比不低于20%、上半年占比不低于55%。

5）科学测算项目年度投资计划。结合项目里程碑计划、工程施工进度安排、物资到货入账计划等信息，逐项测算项目季度、年度入账金额，按照项目全年的财务入账金额编制项目年度投资计划，保证投资安排与建设进度、里程碑计划、财务入账进度相匹配。原则上，电网基建投资完成率，一季度不低于15%、上半年不低于45%，三季度不低于75%，全年完成100%。

6）延伸投资计划下达范围。自2024年起，项目阶段在新开工、续建基础上增加收尾阶段，将处于收尾阶段的项目（当年投产但未完成决算项目）纳入下年计划安排，实现投资计划与财务预算一致。

（2）预安排计划。在上述年度投资计划安排原则的基础上，预安排应注重考虑以下原则：

1）项目成熟度应满足上半年开工条件。各电压等级项目均需完成可研批复,并细化到单项,35kV 及以上项目应于年底前取得核准文件,确保次年上半年开工。

2)需保证预安排计划投资刚性执行。原则上,预安排项目年度投资和里程碑节点不得随意调整,规模不能超过本单位电网基建计划规模的30%。

(3)征地类前期费用计划。在预安排编制原则的基础上,征地类前期费用计划应更注重以下原则:

1)加强项目成熟度审核。从严校核项目开工条件,避免出现政府规划调整、站址无法落实等颠覆性变化,原则上,纳入征地类前期费计划的项目应于前期费计划下达前完成可研批复、当年 6 月底前取得工程核准批复,力争次年一季度开工。

2)精准测算前期费用金额。对照开工时间倒排工期,逐项测算变电站征地补偿费、行政审批费、工程清理费金额和支出时间,避免预留裕度过大,提高计划利用效率。

4.6.3 计划编制内容

年度(预安排)投资建议计划编制工作是国家电网公司年度常规工作之一,通过投资建议计划编制工作,分析次年电网发展面临的形势和任务,明确投资需求和投资策略,形成投资计划建议安排,履行决策程序后行文上报基建投资总控目标建议。

(1)年度(预安排)投资计划。重点分析梳理项目开工、投产里程碑,结算、决算里程碑计划,根据里程碑计划,考虑项目入账进度,编制年度投资安排,基于此分析开工、续建规模、时序是否合理,形成年度(预安排)投资计划建议。

(2)征地类前期费用计划。征地类前期费用计划主要编制内容为:① 逐项落实项目建设必要性和紧迫性论证,分析周边在建工程和已有变电站负载率情况,避免新增低效设备。② 逐项落实项目前期工作进度和开工条件,准确测算项目征地费、行政审批费、工程清理费等各类费用需求额度和列支时间,提出项目建设时序。

4.6.4　职责分工

电网基建计划纳入省公司年度综合计划和财务预算统一管理，实行分级决策机制。职责分工见表4-8。

表4-8　　　　　　　　　　投资计划编制职责分工

单位	部门	职责分工
省公司	发展部	（1）负责省公司电网基建计划管理制度制订及监督执行； （2）负责提出下一年度电网基建计划投资总控目标建议； （3）负责提出省公司电网基建计划建议，组织编制年度电网基建计划建议报告； （4）负责分解下达国网公司批准的电网基建计划
	财务部	（1）参与编制电网基建计划建议； （2）负责将电网基建计划纳入省公司投资预算统一管理
	设备部	（1）参与编制电网基建计划建议； （2）参与编制10kV及以下电网基建项目建设里程碑计划； （3）负责提出配电自动化等独立二次项目计划建议
	营销部	（1）参与编制电网基建计划建议； （2）负责提出业扩装和优化营商环境配套项目需求建议
	数字化部	（1）参与编制电网基建计划建议； （2）负责提出综合数据网等独立二次项目计划建议
	建设部	（1）参与编制电网基建计划建议； （2）参与编制35kV及以上电网基建项目新开工和投产里程碑计划建议
	调控中心	（1）参与编制电网基建计划建议； （2）负责编制调度自动化、电力通信网等独立二次项目计划建议
市公司	发展部	（1）电网基建计划的归口管理部门，负责市公司电网基建计划管理制度制订及监督执行； （2）负责提出下一年度电网基建计划投资总控目标建议； （3）负责提出市公司电网基建计划建议，组织编制年度电网基建计划建议报告； （4）负责分解下达国网公司批准的电网基建计划
	财务部	按照本部门职责，参照省公司相关部门分工开展相关工作
	运检部	
	营销部	
	数字化部	
	建设部	
	调控中心	

续表

单位	部门	职责分工
市公司	安监部	负责结合市公司安全整治专项工作成果，明确需通过电网基建解决的安全问题
	经研所	负责电网基建计划管理工作技术支撑，配合开展计划建议编制
县公司	—	负责编制县级电网发展诊断分析报告
经研院	—	负责电网基建计划管理工作技术支撑，配合开展计划建议编制

4.6.5 业务流程

电网基建投资计划是综合计划的一部分，电网基建投资计划管理按照"二上二下"模式开展，投资计划"二上二下"结构如图4-7所示。

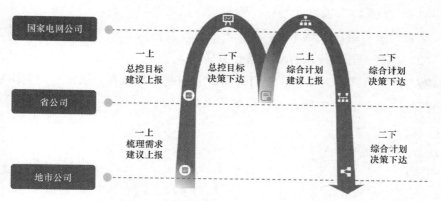

图4-7 投资计划"二上二下"结构

（1）"一上"：即总控目标建议上报，市公司根据自身需求，梳理计划建议，履行决策程序后上报。省公司发展部组织经研院评审市公司计划建议，根据评审情况、项目建设里程碑计划编制电网基建计划建议并上报国网公司。

（2）"一下"：即总控目标决策下达，国家电网公司审核省公司上报的基建投资建议需求，统筹平衡提出国家电网公司次年总控目标建议，履行国家电网公司决策后下达总控目标。

（3）"二上"：即综合计划建议上报，省公司发展部优化年度电网基建计划，形成计划建议纳入综合计划并上报国家电网公司。

（4）"二下"：即综合计划决策下达，次年根据国家电网公司下达的综合计划，省、市各级单位分批次分解单位计划，履行决策程序后，纳入公司综合计划下达。

4.6.6　业务问答

（1）**问题**：各电压等级电网基建项目的投资计划管理权限是如何分配的？

答：省公司本部负责组织编制省公司计划建议；负责编制 220～500kV 项目计划建议；负责管理 500kV 项目计划调整，并报国网公司总部备案；负责管理 110～220kV 项目计划调整。

市公司负责提出 220kV 项目计划需求建议；负责编制 35～110kV 项目、直供区 10kV 及以下项目计划建议；负责在年度投资规模内，履行规划调整程序后对 35kV 及以下项目计划进行调整，并报省公司备案。

县公司负责编制县域 10kV 及以下项目计划建议。

（2）**问题**：预安排项目应具备什么条件？

答：预安排项目应来源于项目储备库且取得可研批复，原则上预安排项目应全部纳入次年计划安排，且在次年上半年开工。

事中管控

事中管控是电网基建投资管理的重要组成部分，是保证全年投资任务完成的主要手段，主要包括年度执行情况分析、投资计划调整。各单位按照下达的年度投资计划规模，制订投资计划月度执行管控目标，按月督导投资进度执行情况，推动计划刚性执行。充分考虑内外部环境变化，结合项目实际进度，动态灵活调整年度投资计划，确保年度投资计划与项目实际财务支出总体一致。

5.1 执 行 情 况 分 析

5.1.1 管控机制

主要管控机制包括：

（1）投资计划执行月度、季度例会机制。依托"网上电网"精准投资管控微应用，按月组织各市公司分析计划执行情况，晾晒历史问题销号进度、预警存量及新增问题；按季度组织设备、营销、建设等相关部门召开投资计划管控联席例会，明确项目管控专业要求，协调问题项目解决措施，预判投资进度完成风险，提出投资计划调整建议。将季度、年度投资计划完成率纳入关键业绩指标、计划执行情况纳入专业评价指标，并与后续投资安排挂钩；每月将执行情况通报抄送各单位主要负责人，引导各单位强化计划管控、杜绝投资浪费，提高省、市两级精准投资管控水平。"网上电网"精准投资管控微应用操作方法见 8.2 节。

（2）里程碑计划执行管控机制。严格计划刚性管理，列入省公司年度开工投产里程碑计划的项目原则上不得调减，项目实际进度与里程碑计划偏差不得超过 3 个月。大中型基建项目未按年初下达计划开工、投产，中低压项目未按本单位下达计划开工、投产的纳入各单位专业考评。各单位要聚焦重点、难点项目，逐项制订攻坚措施，加快推进实施，确保全面完成开工投产任务。执行情况管控指标见表 5-1。

表 5-1　　　　　　　　　　　执 行 情 况 管 控 指 标

大类	类型	指标	取数逻辑
通报类指标	进度管控	应开未开项目数量	本年计划内项目超过计划开工时间未实际开工的项目数量
		应投未投项目数量	本年计划内项目超过计划投产时间未实际投产的项目数量
		实际开工、投产时间与里程碑计划偏差超 3 个月及以上项目数量	实际开工投产时间与里程碑计划偏差超 3 个月及以上项目数量
		超长工期项目数量	10kV 及以下项目 ERP 超过一年未关闭；35kV 项目建设周期大于 14 个月；110kV 项目建设周期大于 20 个月；220kV 项目建设周期大于 26 个月；500kV 项目建设周期大于 30 个月
		应结未结项目数量	220kV 及以上项目在实际投产后超过 100 日未完成工程结算编制和审核；110kV 及以下项目在实际投产后超过 60 日未完成工程结算编制和审核
		应决未决项目数量	220kV 及以上项目在收到结算资料后超过 170 日未完成竣工决算报告编制；110kV 及以下项目在收到结算资料后超过 120 日未完成竣工决算报告编制
	造价管控	投资计划完成率	年度投资计划完成率（目标值 100%）、季度投资计划完成率（目标值一至四季度分别为 15%、45%、75%、100%）
预警类指标	进度管控	投资计划分解率	各单位分解且已完成 ERP 建项投资与投资计划比值
		项目储备率	具备纳入计划条件的储备项目（均已完成可研评审及可研批复）总投资与近 3 年新建项目总投资平均值的比值
		开工即停工项目数量	已报开工但无投资完成的项目

续表

大类	类型	指标	取数逻辑
预警类指标	进度管控	已到设备安装节点仍未领用物资项目数量	已到主变压器系统设备安装工程、杆塔工程、电缆敷设实际开始时间，但没有领用物资金额的项目
		领料规模超建设规模项目数量	累计领料线路长度和变电容量大于初设规模
	造价管控	疑似长期停滞项目数量	连续3个月投资完成无变化的项目
		疑似停建项目数量	实际开工时间不为空且当前未投产,本年投资计划值和投资完成值均为0的项目
		投资偏差率	已决算项目累计下达投资计划与决算投资偏差
		决算偏差率	已决算项目概算算与决算投资偏差

（3）全过程造价精准管控机制。各单位要紧密跟踪项目建设进度和财务入账情况，逐项制订工程结算和财务决算计划，快结快决、应结尽结、应决尽决，及时提出计划调整建议，提高投资计划利用效率。结合工程财务决算和实际支出情况，适时组织调整投资计划，对年内决算项目按照工程决算投资调整投资计划，对年内未决算的项目按照预计财务入账安排投资计划，节余资金投向急需实施的项目。

（4）加强专业业绩考核机制。在年度投资专业会中，发展部将全年投资计划执行情况，包括投资计划全年完成情况、季度执行均衡情况和执行管控存在问题情况进行总结通报，并将年度投资计划完成率、投资计划季度执行率、应开未开项目个数、应投未投项目个数、超长工期项目个数等纳入专业业绩考核，且与下一年度投资规模挂钩。

5.1.2　管控指标

执行情况管控指标如表 5-1 所示。电网基建投资计划执行管控评分体系详见附录 D。

5.1.3　职责分工

执行情况分析职责分工如表 5-2 所示。

表 5-2　　　　　　　　　　　执行情况分析职责分工

单位	部门	职责分工
省公司	发展部	负责 500kV 及以上项目投资计划总体管理，会同建设部等业务部门开展月度投资分解，逐月开展项目进度和投资进度匹配分析，推动项目按计划执行
	建设部	（1）负责参与 500kV 及以上电网基建项目建设管理和计划执行情况分析； （2）负责 500kV 及以上电网基建项目造价管控和结算管理
	财务部	（1）负责将 500kV 电网基建计划纳入省公司预算统一管理； （2）负责 500kV 电网基建项目决算管理
市公司	发展部	负责 10～220kV 电网基建项目投资计划总体管理，会同建设、运检业务部门开展月度投资分解，逐月开展项目进度和投资进度匹配分析，推动项目按计划执行
	建设部	（1）负责参与 35～220kV 及以上电网基建项目建设管理和计划执行情况分析； （2）负责 35～220kV 及以上电网基建项目造价管控和结算管理
	运检部	（1）负责 10kV 及以下电网基建项目和配电自动化独立二次项目建设管理和计划执行情况分析； （2）负责 10kV 及以下电网基建和配电自动化独立二次项目造价管控和结算管理
	财务部	负责将 10～220kV 电网基建计划纳入市公司预算统一管理；负责 10～220kV 电网基建项目决算管理
	营销部	负责业扩配套和优化营商环境项目执行情况分析
	互联网部	负责行政通信网等独立二次项目建设管理和投资计划执行情况分析
	审计部	负责计划执行情况的审计监督检查，组织完成项目结算审计
	调控中心	负责调度自动化、电力通信网等独立二次项目建设管理和投资计划执行情况分析
经研院	规评中心	负责电网基建计划管理工作技术支撑，配合开展投资计划执行分析等工作

5.1.4　业务问答

（1）**问题**：什么是形象进度法、什么是财务支出法，两者有什么主要区别？

答：形象进度法即以工程形象进度为计算依据，按照实物工作量完成进度乘以概算单价计算固定资产投资完成，实物工作量完成进度则由各分项工程完成进度叠加组成。

财务支出法以财务报表为依据，对一定时期内建造和购置固定资产的工作量所对应的费用（价值）进行会计核算，通过"在建工程"等会计科目下的金额反映固定资产投资完成额。

形象进度法由投资统计人员对新开工、续建项目按照建设进度比率乘以概算的方式计算投资完成额。以项目概算为计量基准，投产后截止统计。统计周期短、人为因素多，数据质量隐患凸显。

财务支出法更加强调"数出有据、直接采集"，投资额依据合法凭证规范填报，以凭证取得时点作为计量时点、以最终合同价为计量基准。统计范围增加结转项目，报送终点延长至决算。投资统计人员不再参与数据计算，统计方式更加客观，统计结果更为精确。

（2）**问题**：投资统计核算方法调整对电网基建项目管理有什么影响？应当如何应对？

答：按照国家电网公司要求，自 2023 年起，新开工电网基建项目采用财务支出法统计投资完成值，续建项目仍沿用形象进度法。

新投资核算方法对电网基建项目管理的影响及解决措施可参考《国家投资统计核算方法调整对公司电网基建项目管理的影响分析和应对措施》。

（3）**问题**：如何利用"四率合一"提升项目全过程管控力度？

答：基于"四率合一"数据监测体系，开展四率合一监测（建设进度完成率、成本入账进度完成率、投资进度完成率、物资供应进度），通过全流程、多角度、高协同的电网基建项目动态预警监测体系与综合分析，实现电网基建项目"四率"指标提前预警，全面监控项目前期等各个阶段中关键节点的状态，推动项目投资执行全过程精细化管理。

5.2 计 划 调 整

5.2.1 计划调整范围

结合全年投资计划安排及工程建设的进展情况，提出年度投资计划调整建议，调整范围主要包括投资项目的调入调出、结算里程碑调整、决算里程碑调整和项目投资计划调整。原则上在省公司下达投资规模内进行优化调整，对于超出省公司下达投资规模的需进行详细说明。计划调整范围情况如表 5－3 所示。

表 5－3　　　　　　　　　计 划 调 整 范 围 情 况

序号	调整情况	项目调入	项目调出	结算里程碑调整	决算里程碑调整	投资计划调整
1	绿色通道项目备案实施	√		√	√	√
2	在建项目中止、终止		√	√	√	√
3	争取开工项目调入	√		√	√	√
4	争取开工项目调出		√	√	√	√
5	工程进度不及（超）预期			√	√	√
6	结算（决算）计划调整			√	√	√
7	其他	√	√	√	√	√

5.2.2　计划调整原则

（1）项目调入与调出（调入、调出）。

1）对于满足新能源并网、电铁供电等重大项目用电需求的配套电网工程，充分发挥"绿色通道"的作用，对应急项目予以"特事特办"，先备案实施，能够开工的要调入 1～11 月开工。

2）对于争取开工项目，能够开工的要调入 1～11 月开工，不能开工的要及时调出，计划调整后，不存在 12 月开工的项目。

3）紧密跟踪外部环境和项目本身情况变化，加强项目事中管控，对符合条件的 35～500kV 电网基建项目实施项目中止、终止机制（详见 7.2 节），及时将项目调出年度投资计划，规避投资风险。

（2）项目投资调整。

1）坚持电网基建项目按月管控、动态调整机制，推动项目"快结快决、应结尽结、应决尽决"。对于年内已投产且决算的项目，按决算金额调整投资；对于年内未决算的项目，按财务支出调整投资。

2）对于外部环境发生重大变化的项目，应深入论证、审慎提出计划调整建议，严格履行计划调整程序。

（3）结算、决算里程碑调整。

为适应投资统计方式变革对电网基建项目管理提出的新要求，对 2023 年及以后新开工的项目，将延伸投资计划管控范围，在已有开工、投产里程碑计划节点基础上，把结算、决算节点纳入计划管控范围。

原则上，220kV 及以上项目投产至结算时间不超过 150 天，投产至决算时间不超过 270 天；110（35）kV 项目投产至结算时间不超过 100 天，投产至决算时间不超过 180 天；10kV 及以下项目投产至结算时间不超过 90 天，投产至决算时间不超过 180 天。结算、决算里程碑的调整要紧密结合工程实际进展情况，在要求时间节点范围内审慎提出调整建议，推动基建项目应结尽结、应决尽决、快结快决。

5.2.3 职责分工

计划调整工作职责分工如表 5-4 所示。

表 5-4　　　　　　　　　计划调整工作职责分工

单位	部门	职责分工
省公司	发展部	负责在履行计划调整程序后组织开展 110～500kV 项目计划调整，并负责将 500kV 项目计划调整报国网公司备案
	建设部	负责组织开展 500kV 电网基建项目执行情况分析，并提出计划调整建议
	财务部	负责将 10～500kV 项目计划调整纳入省公司预算统一管理
市公司	发展部	（1）负责组织开展 110～220kV 项目投资计划调整建议编制； （2）负责在履行计划调整程序后对 35kV 及以下项目进行计划调整，并报省公司备案
	建设部	负责组织开展 35～220kV 电网基建项目执行情况分析，并参与提出计划调整建议
	运检部	（1）负责开展 10kV 及以下电网基建项目执行情况分析； （2）负责对 10kV 及以下项目进行计划调整，并报省公司备案
	财务部	负责将 10～220kV 项目计划调整纳入市公司预算统一管理
建设公司	—	负责开展 500kV 电网基建项目执行情况分析，对符合条件的项目提出计划调整需求

5.2.4　业务流程

电网基建项目投资计划调整遵循动态调整、季度备案，年中、年底省市两级统一决策的原则。

动态调整：建立电网基建项目计划动态调整机制，按月跟踪项目决算和财务支出情况，及时调整投资计划，减少投资执行偏差。

季度备案：市公司在下达投资规模内按月进行投资计划优化调整，按季度报送省公司备案。

年中、年底省市两级决策：根据月度计划调整、季度计划调整备案情况，发展部会同各部门综合研判计划调整建议，统筹平衡提出年度调整计划建议，分别在年中、年底履行本单位决策程序后，开展投资计划调整。

（1）500kV 项目投资计划调整。

1）建设公司根据 500kV 电网基建项目执行情况分析，对符合条件的项目提出计划调整需求。

2）省公司建设部根据 500kV 电网基建项目执行情况分析，提出计划调整建议。

3）省公司发展部会同各部门综合研判计划调整建议，在履行计划调整程序后组织开展 500kV 项目计划调整。

4）省公司发展部将 500kV 项目计划调整报国家电网公司备案。

（2）110～220kV 项目投资计划调整。

1）市公司根据 110～220kV 电网基建项目执行情况分析，对符合条件的项目提出计划调整建议。

2）省公司发展部会同各部门综合研判计划调整建议，在履行计划调整程序后组织开展 110～220kV 项目计划调整。

（3）35kV 及以下项目投资计划调整。

1）市公司建设部、运检部分别根据 35kV 和 10kV 及以下项目执行情况分析，对符合条件的项目提出计划调整建议。

2）市公司发展部会同各部门综合研判计划调整建议，在履行计划调整程序后组织开展 35kV 及以下项目计划调整。

3）市公司发展部将 35kV 及以下项目计划调整报省公司备案。

5.2.5 业务问答

（1）**问题**：什么样的项目可以走绿色通道实施？

答：坚持"先备案实施，后纳入计划调整"的原则，畅通应急项目绿色通道，该类项目主要包含因自然灾害或不可抗力威胁电网安全的且未纳入年初综合计划的项目以及可再生能源接入、业扩配套等项目。110kV 及以上项目完成可研批复后，即可报省公司备案，并行办理核准手续，省公司收到备案文件和核准文件后，即时完成项目立项；35kV 及以下项目由市公司在预控额度内自主安排。

（2）**问题**：中低压投资计划如何调整？

答：安全类、网架类中低压项目投资计划下达后应严格执行，原则上不得随意调整。因负荷突增、建设条件变化等原因确需调整的，应履行各单位公司决策程序后，在本单位投资计划总控额度范围内调整计划，并报省公司备案。原则上，市公司年度计划调整次数（调入、调出次数）不得超过年初下达项目个数的 20%。

6

事后评价

事后评价主要分为项目评价和专题评价，通过运用科学、系统的评价方法与指标，分析项目决策、建设、运营等方面的经验与不足，或者专项分析投资重点关注的问题，提出对策建议，实现闭环反馈，不断提升投资管理水平。事后评价工作主要包括全覆盖线上后评价和典型项目（专题）后评价。

6.1 全覆盖线上后评价

全覆盖线上后评价工作是对投产满三年的 10～500kV 全量项目，从项目决策、建设管控、效率效益三个方面进行评价。当前工作主要依托项目中台电网智慧评价管理微应用开展，在微应用数据贯通过渡期间，由国网山东经研院、各市公司分别牵头组织 500kV 和 10～220kV 项目部门数据收资；项目中台电网智慧评价管理微应用详细情况见 8.3 节。

6.1.1 工作内容

全覆盖线上后评价工作内容主要包括年度评价项目确定、项目设备关联、数据获取、自动评价与成果应用五部分。

（1）年度评价项目确定。按照"投产三年必评估"原则，将投产满三年的 10～500kV 项目纳入评价项目。微应用数据贯通过渡期间，投产满三年的项目从"网上电网"投资管控模块中获取并导入平台；数据贯通后，可实现自动获取。

（2）项目设备关联。设备运行数据是评价项目运行情况的基础，需通过项目与设备关联获得。发展部组织开展 35kV 及以上项目与设备关联。发展部和设备部共同组织开展 10kV 项目与设备关联。微应用数据贯通过渡期间，设备关联需线下开展；数据贯通后，可实现线上操作。

（3）数据获取。获取开展评价指标计算的基础数据。微应用数据贯通过渡期间，数据主要依据"网上电网"等平台进行线下填报；数据贯通后，可实现自动获取。基础数据主要包括：

项目决策评价方面：规划规模、可研规模、估算、决算、可研电量与负荷、实际电量与负荷等。

建设管控评价方面：计划投产时间、实际投产时间、概算等。

效率效益方面：设备最大负荷、平均负荷、电价、固定资产值等。

（4）自动评价。系统按照"5＋N"标准化评价模型（后评价指标体系详见附录 E），自动计算项目评分，并根据电压等级、所在区域、项目类型等属性统计分析。根据评价结果，分析形成省级、市级全覆盖线上后评价分析报告。

（5）成果应用。充分发挥后评价闭环反馈作用，从辅助投资项目筛选和投资规模调整、促进各市公司管理薄弱环节提升等方面不断推动全量项目后评价应用。

1）辅助投资项目筛选：在投资项目筛选过程中，区域项目评分较低且负载率指标得分较低的区域列为投资限制区域，在年度投资计划审查中，相应区域新增项目需详细论证必要性、可行性。

2）辅助各单位投资规模调整：区域所有项目后评价得分（平台称之为项目成功度 SDP）加权平均得到区域成功度，反映各单位在项目全过程管理、项目本身效率效益的现状情况，按照投资向项目全过程管理好、效率效益高的区域倾斜进行投资规模调整。

3）管理薄弱环节提升：针对项目决策、建设管控、效率效益 3 个方面、18 项指标较差的情况，针对性对相关单位督导整改，促进项目管理提升。

6.1.2　业务流程

全覆盖线上后评价工作业务流程如图 6-1 所示。

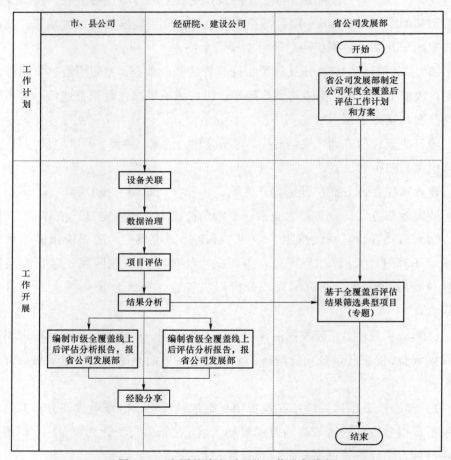

图 6-1　全覆盖线上后评价工作业务流程

（1）省公司发展部制订年度全覆盖线上后评价工作计划和方案。

（2）发展部、设备部及各市县公司组织开展设备关联。

（3）市公司编制市级全覆盖线上后评价分析报告，经研院编制省级全覆盖线上后评价分析报告，报省公司发展部。

（4）省公司发展部将后评价成果反馈至各部门（单位）。

（5）各部门（单位）依据反馈结论，组织制订问题解决方案和整改提升措施。

6.2 典型项目（专题）后评价

基于全覆盖项目后评价结论，选择利用效率低（高）、项目决策差（好）等有特点的项目，开展典型项目后评价，深入评价项目全过程管控水平、效率效益，总结经验教训。按照国资委要求，典型项目需委托具备资质的咨询机构开展，对项目实施过程、运营情况、经济效益、社会效益、环境影响、可持续性及合规性等方面进行深度评价，总结项目建设经验教训，提出工作建议和措施，反馈相关专业和单位，迭代提升管理水平。

专题后评价利用全覆盖后评价成果，结合投资管理工作实际，以提升管理水平为目标，选择特定区域或专项投资进行深度评价。

6.2.1 工作内容

电网基建典型项目后评价内容包括项目过程评价、项目效果评价、项目经济效益评价、项目环境和社会影响评价、项目可持续性评价、项目后评价整体结论等内容。

（1）项目过程评价。从管理和技术报告内容深度两个方面评价。① 对项目规划、可研、核准、建设准备、施工管理等过程管理合规合法性进行评价。对照国家和国家电网公司规程规范，评价过程管理是否依法合规、客观科学。② 对相应阶段成果报告内容深度是否达到要求进行评价，如规划报告、可研报告、初设报告等。其中，通过计算规划一致率、可研一致率、初设一致率、施工图一致率等指标，定量分析成果报告质量。

（2）项目效果评价。通过技术先进性、工艺可靠性、方案适用性和经济学、国产化率、最大负载率、平均负载率、损耗、最大负荷时刻功率因数、容载比、可用度、电压合格率等指标，评价项目技术水平和运行效果。

（3）项目经济效益评价。通过财务提供的营业收入、固定资产、折旧费用、运行维护费用、项目固定资产、电量等数据计算评价项目全周期财务情况，主要包括内部收益率、投资回收期等指标，并进行敏感性分析。

（4）项目环境和社会影响评价。通过现场调研、调查问卷等多种方式，准确收集数据，深入客观评价项目对周围地区在技术、经济、社会以及自然环境等方面产生的作用和影响。

（5）项目可持续性评价。对影响项目全寿命周期持续运行的主要内部可控因素和外部不可控因素进行分析，预测影响因素在全寿命周期内的变化情况，评价项目的可持续运行能力。

（6）项目后评价整体结论。定性和定量结合，评价项目目标实现程度和成功度，重点总结项目重要经验收获和不足教训，提出针对性建议和意见。

6.2.2　职责分工

典型项目（专题）后评价职责分工如表 6-1 所示。

表 6-1　　　　　　　　　典型项目（专题）后评价职责分工

单位	部门	职责分工
省公司	发展部	（1）负责制订并下达省公司年度典型项目后评价工作计划和方案，提报年度典型项目后评价费用需求；负责健全典型项目后评价制度体系，完善工作机制。负责组织签订典型项目后评价委托合同；负责组织编制、审查典型项目后评价报告，组织编制省级年度后评价工作总结报告。 （2）负责组织后评价成果反馈及深化应用；负责将省公司典型项目后评价相关成果上报国家电网公司；负责组织研究典型项目后评价分析方法和指标体系，组织开展相关培训；负责典型项目后评价成果闭环反馈应用及归档
	财务部	（1）负责典型项目后评价费用预算管理。 （2）负责提供电网建设成本、电价等经营数据、项目固定资产原值等项目财务资料；负责组织提供 500kV 项目财务资料。 （3）参与典型项目后评价报告审查及成果应用
	设备部	（1）负责提供 500kV 项目相关专业资料。 （2）参与典型项目后评价报告审查及成果应用
	营销部	
	建设部	
	物资部	
	审计部	
	调控中心	
市公司	发展部	（1）组织开展本单位 220kV 及以下典型项目后评价工作；负责组织咨询单位编制典型项目后评价报告，开展报告预审；负责组织编制市级年度后评价工作总结报告。 （2）负责提出本单位典型项目后评价费用需求。 （3）负责后评价成果反馈及深化应用；负责组织做好典型项目后评价保密工作

单位	部门	职责分工
市公司	财务部	（1）负责将自主开展的典型项目（专题）后评价费用纳入本单位年度生产成本预算； （2）负责提供本单位220kV及以下典型项目财务资料； （3）参与典型项目后评价报告审查及成果应用
	运检部	（1）负责提供220kV及以下项目相关专业资料； （2）参与典型项目后评价报告审查及成果应用
	营销部	
	建设部	
	物资部	
	审计部	
	调控中心	
	供服中心	
	经研所	（1）负责按照市公司发展部要求，支撑典型项目后评价工作，负责预审咨询单位编制的220kV及以下典型项目后评价报告，出具预审意见；负责编制本单位年度后评价工作总结报告； （2）负责配合市公司发展部开展后评价资料归档； （3）负责配经研院开展咨询机构年度资信评价
县公司	—	（1）负责提供220kV及以下项目相关专业资料； （2）参与典型项目后评价报告审查及成果应用
经研院	—	（1）负责按照省公司发展部要求，开展年度典型项目后评价委托合同签订、履约及费用支付等工作； （2）负责具体开展500kV典型项目后评价工作，按照省公司发展部要求，预审、评审咨询单位编制的500kV典型项目后评价报告，出具相关意见；负责审查市公司220kV及以下典型项目后评价报告，出具评审意见；负责编制省级年度后评价工作总结报告； （3）负责组织对咨询机构开展年度资信评价； （4）负责开展典型项目后评价分析方法和指标体系研究、成果应用及资料归档等工作
建设公司	—	按照省公司要求，负责提供500kV项目建设阶段基础资料、工程决算报告等财务资料，参与典型项目后评价报告审查及成果应用
超高压公司	—	按照省公司要求，负责提供500kV项目设备运行、检修等基础资料，参与典型项目后评价报告审查及成果应用
咨询机构	—	根据委托，开展典型项目后评价收资及调研，编制典型项目后评价报告，做好典型项目后评价文件材料的收集、整理、归档、移交和保密工作

6.2.3 业务流程

典型项目后评价与专题后评价工作具体流程分为收资阶段、报告编制和审查阶段、反馈应用阶段。其中，收资是后评价基础，质量好坏直接影响评价报告的质量。典型项目（专题）后评价流程如图6-2所示。

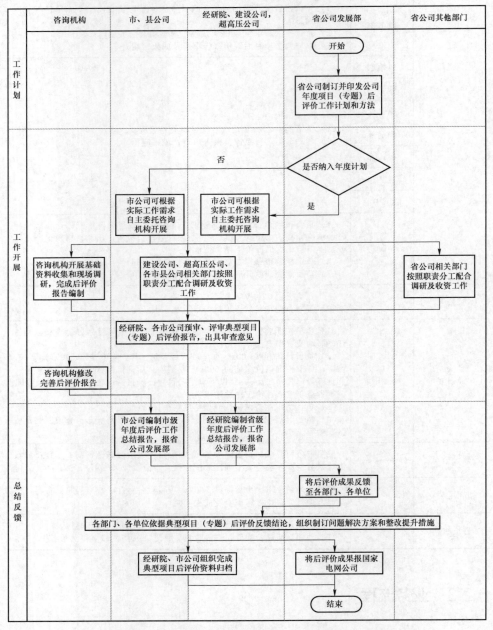

图6-2　典型项目（专题）后评价流程

（1）收资阶段。确定咨询咨询机构开展典型项目后评价基础资料收集和现场调研；各单位按照项目责任主体配合调研及收资工作。（数据和资料收集清单见附录 F）

（2）报告编制及审查阶段。咨询机构完成后评价报告编制，经研院、市公司分别对 500kV 项目及专题、35～220kV 项目进行预审；咨询机构完善报告，经研院组织评审，出具相关意见，咨询机构完成报告修改。

（3）反馈应用阶段。省公司发展部将后评价成果反馈至各部门（单位）。各部门（单位）依据反馈结论，组织制订问题解决方案和整改提升措施。

6.2.4 资信评价

为进一步加强对电网基建典型项目（专题）后评价咨询单位的管理，开展咨询单位资信评价工作。

（1）职责分工。资信评价职责分工如表 6－2 所示。

表 6－2　　　　　　　　　资 信 评 价 职 责 分 工

单位	部门	职责分工
省公司	发展部	（1）负责组织省经研院、相关单位（部门）开展咨询单位资信评价； （2）负责年度资信评价结果的发布及应用
	财务部	参与典型项目（专题）后评价报告审查，对咨询单位成果质量打分
	设备部	
	建设部	
	物资部	
	审计部	
	调控中心	
市公司	—	（1）负责配合经研院开展年度资信评价； （2）负责在预审阶段对 220kV 及以下典型项目（专题）后评价成果质量和服务质量打分
经研院	—	（1）负责在预审阶段对 500kV 典型项目（专题）后评价成果质量和服务质量打分，在评审阶段对年度典型项目（专题）后评价成果质量和服务质量打分； （2）按照年度资信评价结果，向咨询单位支付费用

（2）资信评价内容。典型项目（专题）资信评价是以典型项目（专题）为单位、以中标到结题作为一个评价周期，分别在后评价成果预审和评审阶段，通过具体评价指标，对咨询单位的成果质量和服务质量进行定量评价。将年内该咨询单位中标的所有典型项目（专题）评价分数的平均值作为其年度资信评价结果。

（3）资信评价标准。典型项目（专题）资信评价涵盖咨询单位成果质量（合规性、完整性、准确性、指导性）和服务质量（编制进度、工作配合、人员配置、资料归档）两个维度，满分设置为 100 分，权重分别设置为 70%、30%。

（4）年度资信评价结果应用。咨询单位在开展后评价工作中应遵循独立、客观、公正、科学的原则，对中标的后评价成果质量及结论负责，严格遵守公司保密规定，签署保密协议，承担对国家秘密、商业秘密等保密责任。省公司将咨询单位资信评价作为其参与典型项目（专题）后评价投标的重要依据。

1）若咨询单位出现年度资信评价结果低于 60 分、相关业务受到政府业务主管部门通报批评及以上处理处罚等情况，该咨询单位资信认定为不合格。

2）若咨询单位出现报告不通过国家电网公司审查或对报告予以严重批评等情况，该咨询单位资信认定为不合格。

3）若咨询单位出现违反公司相关规定、弄虚作假、违法分包等情况，该咨询单位资信认定为不合格。

4）由于咨询单位原因，后评价报告在审计等各类检查中发现严重问题，该咨询单位资信认定为不合格。

5）若咨询单位出现未经批准对外披露电网信息，该咨询单位资信认定为不合格。

6.2.5　业务问答

问题：后评价工作收资面广，横向涉及发展部、建设部、物资部、财务部、设备部、安监部、营销部、科信部、调控中心等多个部门，纵向贯穿省、市、县三级，如何提升数据收资的效率与质量？

答：一是前置收资时间。紧密结合电网发展诊断分析、负荷实测等工作，梳理形成与后评价密切相关的数据清单，在启动上述工作的同时开展后评价收资，改串为并，提高效率，形成后评价数据的常态化收资机制。

　　二是线下线上相结合。对大型纸质材料和保密等级高的资料，在属地单位现场开展收资，发展部牵头组建工作小组，咨询单位开展现场收资。对其他运行数据等电子资料采取线上收资，充分利用"网上电网""项目中台"等信息平台，细化优化系统功能，逐步实现项目全过程、全覆盖、全寿命周期线上评价。

7

合规性管理

7.1 项目收购

7.1.1 工作目的

主要针对近几年新能源并网工程收购诉求，按照依法合规、产权清晰，满足电网发展和安全运行要求，开展资产回购工作，实现经济和社会效益整体最优。

7.1.2 收购原则

根据国家相关政策，山东公司建议回购原则为：

（1）对于国家电网公司、省能监办明确要求回购工程，按省公司电网资产收购流程办理。

（2）对于近年来发电企业投资建设接入电网的常规电源接入系统工程，发电企业有回购诉求且各项审批手续齐全的，适时启动回购。

7.1.3 职责分工

项目收购职责分工如表 7-1 所示。

表7-1　　　　　　　　　　项　目　收　购　职　责　分　工

单位	部门	职责分工
省公司	发展部	（1）执行国家电网公司资产收购制度、工作标准，结合省公司实际制订资产收购实施细则。 （2）负责组织开展电网资产收购项目论证，以及需求、证报告编制评审工作；根据前期工作分工，组织审查项目支持性文件的完备性和准确性；组织签订电网资产收购意向书及合同；组织开展尽职调查工作；组织开展电网资产收购项目的实施和后评价等工作。 （3）负责组织履行拟收购限下项目（2亿元人民币以下的单项收购项目）的决策程序，并上报国家电网公司备案；负责将通过省公司决策的拟收购限上项目（2亿元人民币及以上的单项收购项目），上报国家电网公司评审决策。 （4）负责开展通过决策的收购项目的投资计划编制、上报和下达等工作
	财务部	参与电网资产收购项目的需求及论证报告评审；组织开展收购项目资产评估；配合开展收购项目尽职调查；组织将通过决策的收购项目纳入财务预算
	设备部	参与电网资产收购项目需求及论证报告评审；配合开展收购项目尽职调查；组织开展收购项目设备运行状态评估、技改方案论证及设备验收；组织开展通过决策的收购项目设备接收等工作
	营销部	参与电网资产收购项目需求及论证报告评审
	建设部	参与电网资产收购项目需求及论证报告评审；根据前期工作分工，组织审查收购项目支持性文件的完备性和准确性
	审计部	参与电网资产收购项目需求及论证报告评审；组织开展收购项目审计工作
	法律部	参与电网资产收购项目需求及论证报告评审；配合开展收购项目尽职调查；组织审核收购项目的合法合规性
市公司	发展部	（1）执行省公司资产收购管理制度、工作标准。 （2）负责开展电网资产收购项目论证工作，组织编制收购项目需求及论证报告；根据前期工作分工，审查项目支持性文件的完备性和准确性；组织收购项目需求及论证报告内审；负责项目收购意向书及合同签订；负责组织开展尽职调查工作；负责履行本单位决策程序，向省公司行文上报拟收购项目请示；负责组织本单位收购项目的具体实施；配合省公司开展收购项目后评价等工作

续表

单位	部门	职责分工
市公司	财务部	负责电网资产收购项目经济性、财务合规性论证；参与收购项目需求及论证报告内审；开展收购项目的资产评估；配合开展尽职调查工作；将收购项目纳入本单位财务预算
	运检部	参与电网资产收购项目需求及论证报告内审；负责开展收购项目的设备运行状态评估、技改方案论证和设备验收；负责通过决策的收购项目设备接收工作
	营销部	参与电网资产收购项目论证，参与需求及论证报告内审
	建设部	参与电网资产收购项目论证，参与需求及论证报告内审；根据前期工作分工，审查项目支持性文件的完备性和准确性
	审计部	参与电网资产收购项目需求及论证报告内审，负责开展收购项目的审计工作
	办公室	参与电网资产收购项目需求及论证报告内审，负责电网资产收购项目合法合规性论证，对法律风险提出防范意见；负责委托第三方开展尽职调查工作，出具法律意见书
	经研所	负责根据市公司发展部要求，编制收购项目需求报告和论证报告
经研院	一	负责根据省公司发展部要求，组织开展收购项目需求及论证报告评审（审查），出具相关意见；负责编制需上报国家电网公司评审决策的限上项目论证报告
超高压公司	一	500kV电网资产收购项目的具体实施单位，参照市公司工作职责开展资产收购工作

7.1.4　业务流程

业务流程主要包括收购需求提报、拟收购资产初步审查和意向书签订、尽职调查和相关评估、设备验收、各级决策和投资计划与财务预算管理等环节。电网资产收购项目管理流程如图7-1所示。

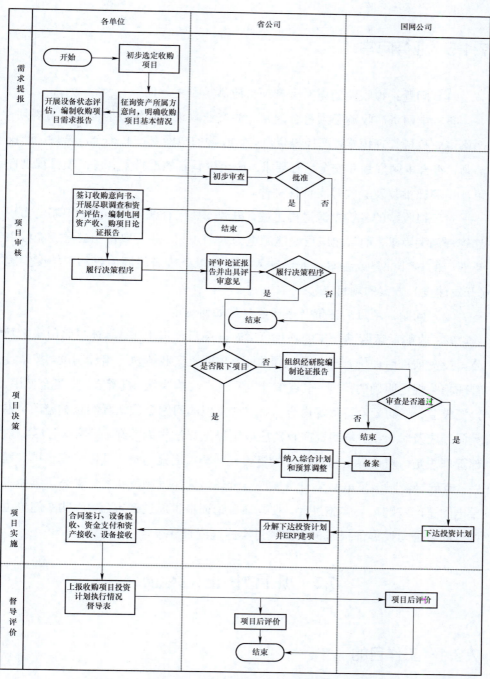

图 7-1 电网资产收购项目管理流程

7.1.5　业务问答

（1）问题：拟收购的电网资产项目应满足哪些条件？

答：电网资产收购必须符合国家能源产业政策和各级政府能源电力规划，严格遵守投资管理规定，严控投资风险。收购的电网资产必须合法合规、产权清晰，符合电网规划和安全运行要求。应至少具备核准批复、建设项目规划许可证、环评批复及验收等支持性文件。

对于拟收购的各类电源送出工程，电源本体应合法合规，按照国家电力规划管理相关要求，纳入相应层级能源电力专项规划，并已取得相应层级能源主管部门的核准批复或备案；或已纳入省级及以上政府能源主管部门年度实施（开发建设）方案的项目。

（2）问题：项目后评价及审计监督是如何规定的？

答：收购后运营满一年的项目可适时开展后评价工作。具体参照国家电网公司投资项目后评价管理相关规定执行。电网资产收购执行审计制度，按审计管理相关规定明确的范围，重点审计电网资产收购决策、投资方向、资金使用、投资收益、收购风险管理等内容；对审计发现的问题必须认真纠正和整改，重大问题应及时上报。电网资产收购应以国家法律法规为准绳，严格执行企业内部管理规定，严格界定违规经营投资责任，严肃追究问责。具体追究范围、程序、流程等参照国家电网公司违规投资责任追究相关制度执行。省公司定期督导电网资产收购项目实施进度。收购项目论证报告通过评审后，收购实施单位按月向省公司发展部报送拟收购项目实施进度督导表。

7.2　项目中止、终止

7.2.1　工作目的

对符合条件的 35～500kV 电网基建项目实施项目中止、终止机制，可以紧密跟踪外部环境和项目本身情况变化，加强项目事中管控，规避投资风险、防止造成国有资产损失或其他不良后果。

7.2.2 职责分工

项目中止、终止职责分工如表 7-2 所示。

表 7-2 项目中止、终止职责分工

单位	部门	职责分工
省公司	发展部	（1）35~500kV 项目中止、终止工作的归口管理部门，负责跟踪外部形势变化，预判项目中止、终止需求；负责组织开展项目中止、终止研究论证，编制论证报告。 （2）负责组织审批各单位项目中止、终止请示，根据规定履行相关决策程序；负责组织开展通过决策的中止、终止项目电网规划、前期计划和投资计划调整；负责组织开展前期阶段终止项目核销工作
	建设部	（1）35~500kV 项目中止、终止管理的重要参与部门，负责跟踪外部形势变化，预判项目中止、终止需求，参与相关研究论证和报告审查。 （2）负责组织开展通过决策的中止项目现场处置和终止项目核销工作
	财务部	负责参与拟中止、终止 35~500kV 项目的相关研究论证和报告审查，组织开展通过决策的中止、终止项目的工程预算调整，配合处置终上项目已发生的各类费用，完成相关账务处理；组织开展中止项目停止计提资本化利息工作
	物资部	负责参与拟中止、终止 35~500kV 项目的相关研究论证和报告审查，组织开展通过决策的中止、终止项目物资招标处置以及物资盘点、调配和处置等工作
	审计部	负责参与拟中止、终止 35~500kV 项目的相关研究论证和报告审查，组织开展通过决策的中止、终止项目审计监督等工作
	法律部	负责参与拟中止、终止 35~500kV 项目的相关研究论证和报告审查，组织开展经决策的中止、终止项目合同变更与解除、相关土地及物资处置等合法合规性审查监督工作
市公司	发展部	（1）本单位 35~220kV 项目中止、终止工作的牵头管理部门，负责跟踪外部形势变化，预判项目中止、终止需求。 （2）负责开展项目中止、终止研究论证，编制论证报告；负责向省公司行文上报本单位拟中止、终止项目请示。 （3）负责履行拟中止、终止项目本单位决策程序；负责提出通过决策的中止、终止项目的电网规划、前期计划和投资计划调整建议，并按照相关管理规定进行调整；负责开展前期阶段终止项目核销工作

单位	部门	职责分工
市公司	建设部	（1）参与本单位 35～220kV 项目中止、终止管理工作，负责跟踪外部形势变化，预判项目中止、终止需求，参与相关研究论证。 （2）负责开展通过决策的中止项目现场处置和终止项目核销工作
	财务部	负责参与本单位 35～220kV 中止、终止项目相关研究论证，负责开展通过决策的项目工程预算调整，配合处置终止项目已发生的各类费用，完成相关账务处理；对中止项目停止计提资本化利息
	物资部	负责参与本单位 35～220kV 中止、终止项目相关研究论证，负责开展通过决策的项目物资招标处置以及物资盘点、调配和处置等工作
	审计部	负责参与本单位 35～220kV 中止、终止项目相关研究论证，负责开展通过决策的项目审计监督工作
	办公室	负责参与本单位 35～220kV 中止、终止项目相关研究论证，负责开展通过决策的项目合同变更与解除、相关土地及物资处置等合法合规性审查监督工作
经研院	—	（1）负责根据外部形势变化，预判项目中止、终止需求；负责根据省公司要求，牵头开展拟中止、终止 500kV 项目研究论证，编制论证报告；开展拟中止、终止 35～220kV 项目论证报告审查等工作。 （2）负责根据省公司要求，上报项目前期阶段拟终止 500kV 项目请示；负责履行相关项目的本单位决策程序，具体开展费用处置等核销工作
建设公司	—	（1）负责根据外部形势变化，预判 500kV 项目中止、终止需求；负责根据省公司要求，上报拟中止、终止 500kV 项目请示。 （2）负责履行相关项目的本单位决策程序，具体开展项目现场处置和费用核销等工作

7.2.3　业务流程

　　35～500kV 电网基建项目中止、终止包括前期阶段终止和建设阶段中止、终止两类。前期阶段终止是指项目开工以前终止；建设阶段中止、终止是指项目开工以后中止、终止。各电压等级基建项目中止、终止流程分别如图 7-2～图 7-7 所示。

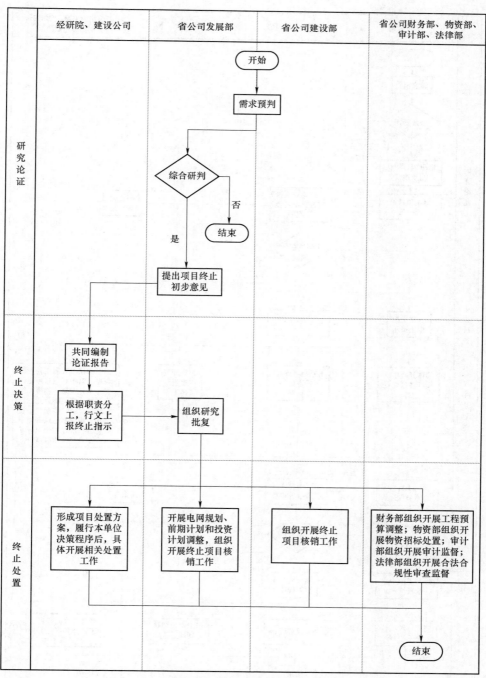

图 7-2 500kV 电网基建项目前期阶段终止流程

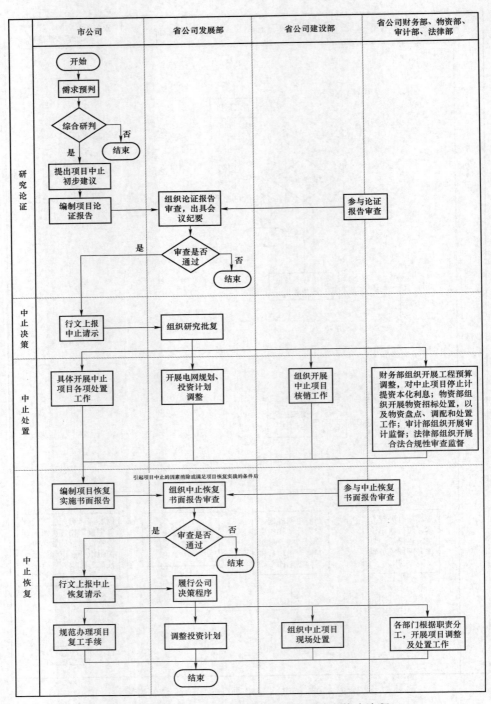

图 7-3 35～220kV 电网基建项目前期阶段终止流程

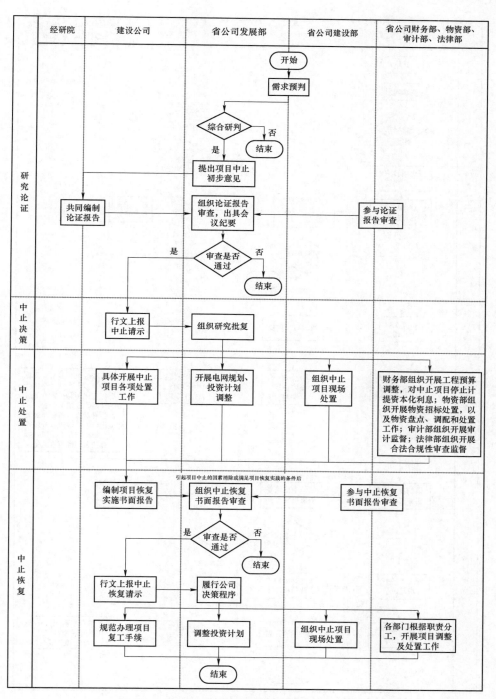

图 7-4　500kV 电网基建项目建设阶段中止流程

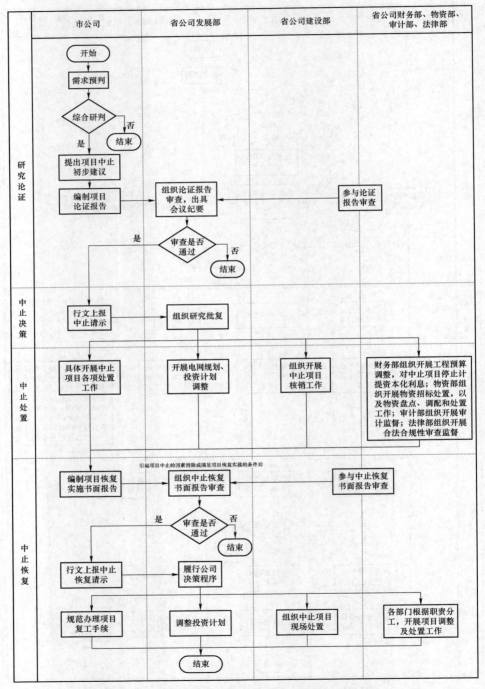

图 7-5　35～220kV 电网基建项目建设阶段中止流程

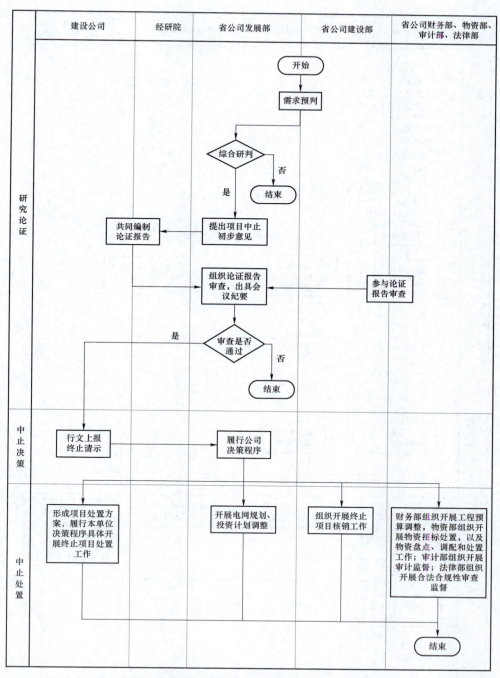

图 7-6　500kV 电网基建项目建设阶段终止流程

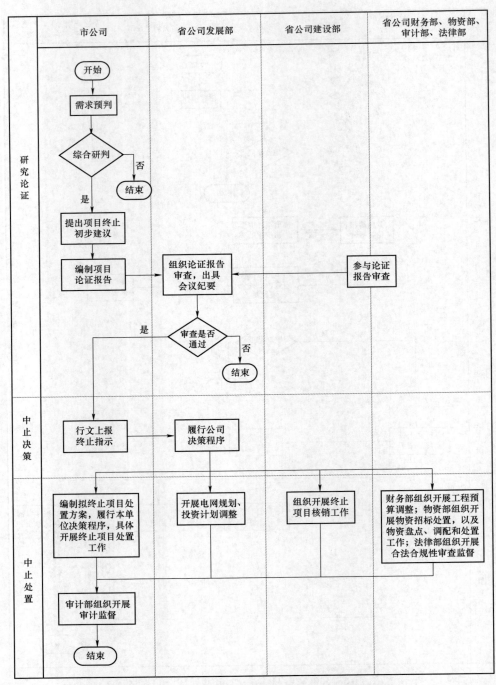

图 7-7　35～220kV 电网基建项目建设阶段终止流程

7.2.4 业务问答

（1）**问题**：关于 35～500kV 电网基建项目中止、终止工作的监督考核要求有哪些？

答：因建设必要性、可行性论证不充分，建设方案不符合国家和国家电网公司标准制度，未按规定取得支持性文件等原因造成的项目中止、终止，将对责任单位进行严肃考核。因电源或用电项目取消、政府规划调整、自然灾害等不可抗力因素造成的项目中止、终止可予以免责，不纳入考核。对各单位未及时启动中止、终止程序止损、造成国有资产损失或其他严重不良后果的，根据《国家电网有限公司违规经营投资责任追究实施办法》[国网（审/3）944—2019]追究相应责任。

（2）**问题**：对于终止项目已发生前期费应如何处置？

答：对于前期阶段终止的项目，已发生的前期费用应计入当期损益。对于建设阶段因不可抗力因素造成的部分或全部报废、毁损的项目，其净损失应直接计入当期营业外支出。

7.3 全口径核准备案

电网投资项目全口径核备工作直接关系到输配电价核定等核心利益，是保障山东电网和公司健康发展的关键工作，主要目的是防范投资合规性风险，确保各类固定资产投资全额纳入有效资产。

7.3.1 工作要求

项目核备是项目开工建设的前提条件，电网投资项目应做到"先核备，后实施"，各单位应密切联系当地备案机关，建立常态工作机制。发展部定期汇总各专业核备进度，并将分专业、分单位核备情况纳入省公司综合计划通报，并作为次年各单位投资安排的重要参考因素。

电网基建类项目中，35～500kV 电网基建项目逐项核准，10kV 及以下电网基建项目打捆核准（部分地市备案制），独立二次项目分类打捆备案。35kV及以上电网基建项目应在开工前取得核准，10kV 电网基建项目、独立二次项目应在计划下达年度内完成核备。

7.3.2　业务流程

（1）核准流程。办理企业投资项目核准一般根据项目前期计划按需提报，线下和线上材料同步提交，所需材料和整体流程如下。

1）线下窗口办理流程：提供可研批复、用地预审与选址意见书（扩建项目需提供不动产权证、线路项目需提供规划意见）、核准请示、项目申请报告，报送至市行政审批服务局，市审批局审查核准相关材料，出具项目核准批复意见。

2）线上平台办理流程：登录山东省政务服务网网上办事大厅，进入山东省投资项目在线审批监管平台，在山东省投资项目在线审批监管平台申报项目代码，进入工程建设项目审批管理系统网上办事大厅进行登记，在工程建设项目审批管理系统网上办事大厅进行申报，在工程建设项目审批管理系统网上办事大厅上传所需材料并申报核准，办结时限 5 日。

（2）10kV 备案流程。

1）政府沟通。需携带省公司通知、《国家发展改革委　国家能源局关于加强和规范电网规划投资管理工作的通知》（发改能源规〔2020〕816 号），与行政审批局进行沟通汇报。

2）备案准备。备案由发展部牵头组织，各管理部门具体实施。发展部根据综合计划下达情况和省公司通知要求，明确备案规模和备案方式，制订"投资项目在线审批监管平台"备案流程，明确网上备案表的填写内容，并以红头文形式通知项目管理部门，提前做好材料准备，根据时间顺序安排，统一到发展部利用各单位法人账号登录填报。

3）网上填报。在山东政务服务网山东省投资项目在线审批平台进行在线申报。

4）备案赋码。若备案存在问题，平台一般通过预留联系人电话联系沟通，同时会在平台内提示驳回原因，组织有关单位按要求修改。若备案成功，以短信形式向申报人员发生赋码提醒,同时平台内提示赋码成功,可打印备案证明。全口径核备流程如图 7-8 所示。

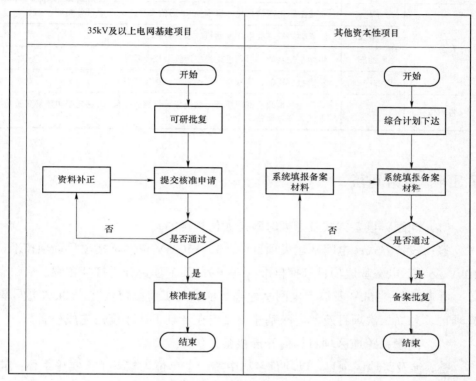

图 7-8 全口径核备流程

7.3.3 职责分工

项目核准备案职责分工如表 7-3 所示。

表 7-3   项目核准备案职责分工

单位	部门	职责分工
省公司	发展部	负责总体统筹、协调电网投资项目核备工作,具体负责组织 10～500kV 电网基建项目及零购项目核备工作,并对各专业、各单位的实施进度进行跟踪,推进工作进展
	设备部	负责组织生产技改、配电自动化类独立二次项目备案
	营销部	负责组织电力营销(资本性)项目备案
	科技部	负责组织科技项目(资本性)项目备案

续表

单位	部门	职责分工
省公司	数字化部	负责组织电网信息化（资本性）、通信类独立二次项目备案
	人资部	组织教培设施类生产辅助技改项目备案
	后勤部	组织小型基建、后勤设施类生产辅助技改备案
	调控中心	负责组织通信、调度自动化类独立二次项目备案
各单位	—	负责向当地政府部门履行电网投资项目核备手续。市供电公司统筹负责所辖各区县项目核备工作

7.3.4　业务问答

（1）**问题**：核备方式及办理时限是如何规定的？

答：核备方式：电网基建类项目中，35～500kV 电网基建项目逐项核准，10kV 及以下电网基建项目打捆核准（备案），其余项目分类打捆备案。

办理时限：35kV 及以上电网基建项目应在开工前取得核准，10kV 电网基建项目、独立二次项目及非电网基建项目应在计划下达年度内完成核备。

（2）**问题**：跨地区项目如何开展核备工作？

答：涉及跨地区项目，以项目名称中第一个单位为核备工作实施主体；鼓励提前备案，在项目获得可研批复后即可开展相关备案工作。同类项目宜打包备案，提升备案效率。

8

信息化系统使用

8.1 "网上电网"投资管理模块应用

8.1.1 平台网址

登录"网上电网"平台,网址为:

http://pis.sgcc.com.cn/PowerInfo/pisMain/pages/pisFrame.html

点击"专业"选择投资管理模块,路径图如图 8−1 所示。

图 8−1 "网上电网"投资管理模块路径图

8.1.2　功能模块

系统功能模块包括项目储备、投资策略、计划编制等。主要功能描述如下：

（1）项目储备。将"网上电网"前期管理模块维护的项目最新信息传递至"网上电网"投资管理模块应用项目储备模块，并对储备信息进行完善，完成项目实时储备。

（2）投资策略。对建议计划编制的项目信息进行填写与上报，项目信息包括计划开工时间、计划开工规模（含线路长度、变电容量）、本年投资计划值、计划投产时间、计划投产规模（含线路长度、变电容量）。

对调整计划编制的项目信息进行填写与上报，项目信息包括调整后计划开工时间、调整后计划开工规模（含线路长度、变电容量）、调整后本年投资计划值、调整后计划投产时间、调整后计划投产规模（含线路长度、变电容量）。

（3）计划编报。对投资计划编制的项目信息进行填写与上报，项目信息包括计划开工时间、计划开工规模（含线路长度、变电容量）、本年投资计划值、计划投产时间、计划投产规模（含线路长度、变电容量）。

8.1.3　核心功能操作

（1）项目储备。将"网上电网"前期管理模块维护的项目最新信息传递至"网上电网"投资管理模块应用项目储备模块。

点击【查询】设置筛选条件，条件选定后即可自动查询出本单位相关数据。

点击【导出】，可导出当前界面项目信息。

点击【项目校验】，系统提示项目校验情况，未通过校验的项目需要针对检查结果详情中的问题在"网上电网"前期管理模块进行整改，整改完毕后重新进行推送及校核，直至校核通过后才可以进行储备入库。

点击【储备入库】，进行入库操作。储备项目入库功能界面如图 8-2 所示。

点击【批量修改】，每一项的维护均需点击【确认】进行保存。

点击【批量修改】，每一项的维护均需点击【确认】进行保存。

图8-2 储备项目入库功能界面

点击【批量修改】，维护项目属性等进本信息，每一项的维护均需点击【确认】进行保存。储备项目维护界面如图8-3所示。

图8-3 储备项目维护界面

（2）计划编制。

1）项目计划编制。页面展示项目名称、项目类别、电压等级等基本信息，编辑区域可编制项目的本年建议计划、开工投产时间与规模。计划编制界面如图8-4所示。

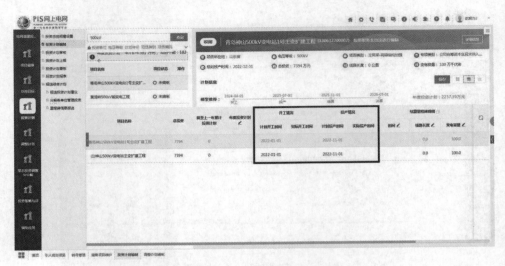

图8-4　计划编制界面

点击【查询】，查询搜索框中内输的入项目名称、项目编码或者关键字的项目。

点击【保存】，保存项目编制的计划值与的开工或投产里程碑时间。

点击【提交】，成功将项目提交至建议计划审核页面。

2）计划提交审核。将编制完成的项目进行提交审核，完成上报工作。

点击【提交】，弹出【提交弹窗】输入审核信息内容，点击【提交】，完成项目审核提交。计划提交界面如图8-5所示。

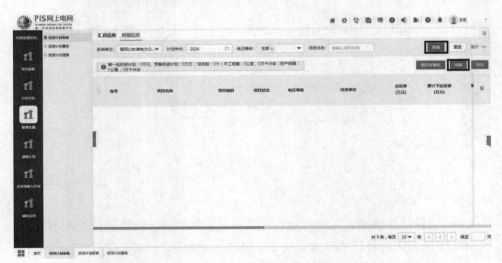

图8-5　计划提交界面

3） 计划报表。全部项目编制完成后进行信息核对，重点核对本年投资计划、计划开工时间、计划开工规模（含线路长度、变电容量）、计划投产时间、计划投产规模（含线路长度、变电容量）等信息。计划报表查看界面如图8-6所示。

图8-6 计划报表查看界面

点击【查询】，根据所属单位、电压等级、项目名称、项目编码、项目类别、计划年份等筛选条件查询出本单位相关报表数据。

点击【导出】，可导出当前界面项目信息。

8.1.4 常见使用问答

问题1：调整后大于总投资如何操作？

操作解答：在项目储备下储备项目维护界面，修改总投资。

问题2：目前储备库找不到项目，从2021年续建到2022年的项目，如何操作？

操作解答：储备项目维护界面，查询时勾选是否显示全量项目。

问题3：纳入储备库之后总投资不更新，跟引入规划项目那里不一致，如何操作？

操作解答：在项目储备下储备项目维护界面，修改总投资。

问题4：项目下单项为未分配变、线路工程如何操作？

操作解答："网上电网"前期改，改完推送，然后重新校核、入库。

问题 **5**：纳入计划年份有误如何操作？

操作解答：储备库里将纳入建议计划年份选择为计划下达的首年。其中，纳入计划年份是指纳入计划首年，2021 年就下计划的项目或者 2022 年就下达计划的项目，纳入计划年份维护的不是对应年份就会报这个问题，需到储备项目维护里通过纳入建议计划将年份选正确。

问题 **6**：年度计划于累计下达投资之和大于总投资如何操作？

操作解答：在项目储备下储备项目维护界面，修改总投资。

问题 **7**：已提交的项目需要修改，如何操作？

操作解答：可以重新查询，再次修改。

问题 **8**：疑似历史遗留问题项目如何操作？

操作解答：（1）协调规划，把规划投产时间改成 2022 年年底或者 2023 年年底；

（2）把可研批复文号处理成 2022 年的批复。

问题 **9**：怎么判断项目是否会提示非"十四五"项目？

操作解答：非预安排项目的企编第 7～8 位不在｛21、22、23、24、25｝范围内的。

8.2 "网上电网"精准投资管控微应用

8.2.1 平台网址

登录"网上电网"平台，网址为：

http://pis.sgcc.com.cn/PowerInfo/pisMain/pages/pisFrame.html

点击"实验室"选择精准投资管控模块。

8.2.2 功能模块

网上电网精准投资管控微应用系统主要分为造价跟踪、造价偏差分析、进度跟踪、投资结余管理、辅助决策、风险预警、数据集成 7 个模块。主要功能描述如下：

（1）造价跟踪。动态获取项目的可研、概算、招标、结算、决算等费用，更新至年度投资计划各项目中，辅助用户查看项目全流程各阶段造价（费用）信息，提升项目精益化管控水平。

（2）造价偏差分析。动态获取项目的可研、概算、招标、结算、决算等费用后，计算概算总费用、五项费用与可研、招标、结算、决算费用的偏差情况，为投资计划辅助决策提供依据。

（3）进度跟踪。动态获取项目的可研批复、初设批复等前期信息，计划开工时间、计划竣工时间等计划信息，实际开工时间、实际投产时间等建设信息，财务实际支出、财务挂账金额等财务信息，更新至年度投资计划各项目中，实现项目实时跟踪。

（4）投资结余管理。电网基建投资结余管理，主要是依据项目可研、初设、招标、中标、结算、决算金额，计算项目各阶段投资结余情况，用以辅助项目调整计划决策。

（5）辅助决策。结合历史项目库的电网基建项目自开始累计投资完成和自开始累计入账成本等数据，应用项目测算模型，对计划内项目进行辅助测算，辅助投资计划调整。协助项目进行投资结余分配，辅助结余投资安排，提升投资效益。

（6）风险预警。从造价和进度两个维度对项目风险进行监测，包含疑似长期停滞、造价偏差、应开未开、应投未投、应结未结、应决未决六项预警指标，分单位查看预警指标项目，督导各单位治理预警项目。

（7）数据集成。电网基建项目集成概算、招标、结算、决算阶段数据，零购项目集成项目招标、中标、实施、关闭阶段数据。针对电网基建项目概算书进行概算解析，获取物资费、施工费、设计费、监理费和其它费用，为系统提供基础数据支撑。

8.2.3 核心功能操作

（1）造价跟踪。

1）电网基建造价跟踪。进入电网基建造价跟踪模块，通过项目编码进行查询，该界面展示了项目的可研、初设、计划等各阶段数据情况。造价跟踪界面如图 8－7 所示。

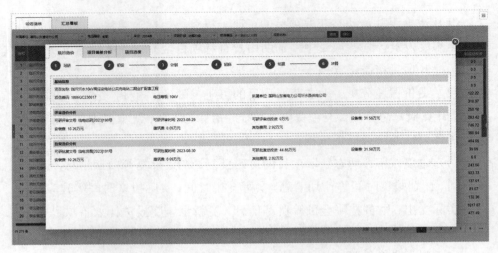

图 8-7　造价跟踪界面

点击【查询】，设置筛选条件，条件选定后即可自动查询出本单位相关数据。

点击【导出】，可导出当前界面项目信息。

点击【项目名称】，可弹出"造价跟踪卡"，页卡中详细展示该项目滚动更新的可研、初设、计划、招标、结算、决算的相关数据，数据更新频次每日一次，造价汇总看板界面如图 8-8 所示。

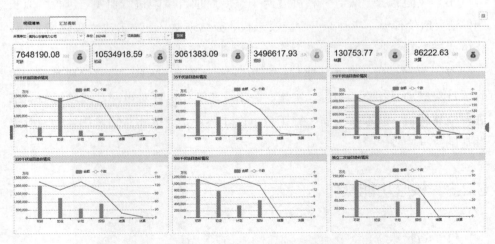

图 8-8　造价汇总看板界面

2）电网基建造价偏差分析。

进入造价偏差分析模块，针对项目各个阶段的造价数据进行比对，着重分析项目招标费用与概算费用偏差、项目结算费用与计划偏差、项目决算费用与计划偏差,为后续计划动态调整提供数据支持。造价偏差分析界面如图8-9所示。

图8-9 造价偏差分析界面

点击【查询】,设置筛选条件,条件选定后即可自动查询出本单位相关数据。

点击【项目名称】,可弹出"项目偏差分析页卡",页卡中详细展示项目的各阶段偏差分析数据。

(2)进度跟踪。电网基建项目进度跟踪,展示了项目可研、初设、就按、招标等阶段的项目全过程信息,实时掌握项目进展情况。基建项目进度跟踪界面如图8-10所示。

图8-10 基建项目进度跟踪界面

点击【查询】，根据选定条件查询出本单位相关数据。

点击【项目名称】，可弹出"进度跟踪卡"，滚动跟踪当前最新的项目可研、初设、计划、招标、建设、结算、决算等重点里程碑信息，实时掌握项目进度。进度汇总看板界面如图8-11所示。

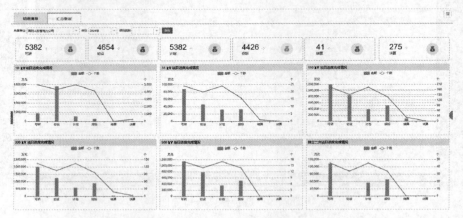

图8-11　进度汇总看板界面

设置【所属单位】【年份】筛选条件，设置完成后界面自动查询对应的各阶段项目进度信息。

（3）投资结余管理。电网基建投资结余管理，主要是依据项目可研、初设、招标、中标、结算、决算金额，计算项目各阶段投资结余情况，用以辅助项目调整计划决策。投资结余查询界面如图8-12所示。

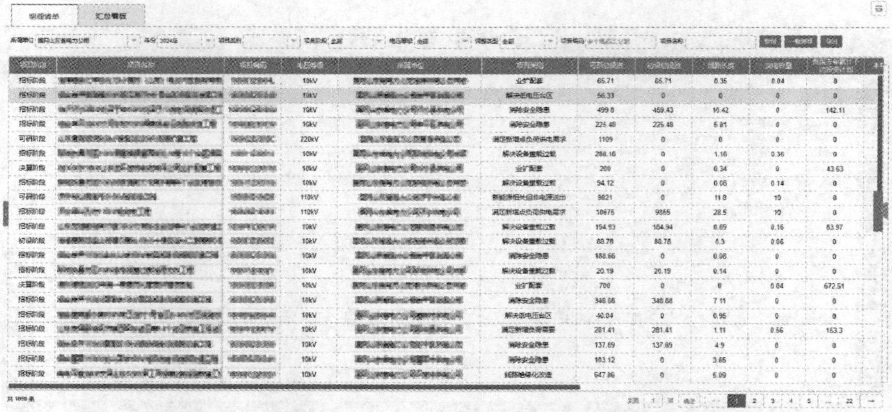

图8-12　投资结余查询界面

点击【查询】，根据选定条件查询出本单位相关数据。

设置【所属单位】【年份】筛选条件，设置完成后，点击【查询】查询对应的各阶段项目投资结余信息。投资结余看板信息如图 8-13 所示。

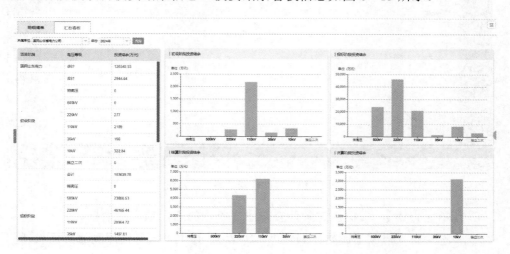

图 8-13 投资结余看板信息

（4）辅助决策。

1）辅助测算模型。项目模型算法构建，通过不同的统计方式、电压等级、项目类型、建设阶段测算不同类型项目的自开始计划占比，结合项目年度下达投资计划，计算得出计划内项目测算调整后投资计划数据。

点击【查询】，根据选定条件查询出本单位的通用项目库数据。

点击【项目纳入】，可弹出"项目纳入界面"，用户选择有代表性的项目纳入项目库。

勾选单个项目，点击【移出项目库】，选中项目从项目模型库中删除。

点击【项目模型看板】，根据库中项目自动生成不同统计方式、电压等级、项目类型、建设阶段的曲线情况。

2）辅助计划调整测算。根据项目"进度跟踪"，按照计划、招标、结算、决算 4 类项目建设阶段，结合项目模型算法，进行测算项目调整后投资计划。

以"山东××220kV 输变电工程"为例，勾选项目，点击【调整计划辅助测算】，得出调整建议。辅助计划调整测算结果如图 8-14 所示。

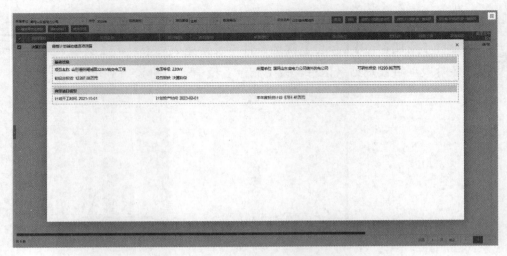

图 8-14　辅助计划调整测算结果

点击【查询】，根据选定条件查询出本单位的通用项目库数据。

勾选项目，点击【调整计划辅助值测算】，弹出"项目逐项测算界面"，同时系统根据测算逻辑自动计算计划调整辅助值。

点击【调整计划辅助值一键测算】，批量测算查询出来的项目计划调整辅助值。

点击【一键测算状态查询】，查看当前测算进度。

勾选已经完成测算的项目，修改辅助测算值，点击【辅助值修订】对修订结果进行保存。

点击【结余投资】，跳转至投资结余管理看板。

3）投资结余。展示项目的调整前投资计划、调整后投资计划、投资结余等信息；同时模块提供投资结余分配建议。

设置【所属单位】【年份】筛选条件，查看对应投资结余信息。

设置右侧筛选条件，点击【查询】，展示结余项目的计划调整明细清单。

点击【导出】，将当前查询的项目明细清单导出为 Excel 表格。

（5）风险预警。

1）造价偏差预警。造价偏差分为疑似长期停滞预警和造价偏差预警两类，其中疑似长期停滞预警规则为项目连续 3 个月未发生投资完成变化，造价偏差预警规则为决算和概算偏差超 5%。造价偏差查询界面如图 8-15 所示。

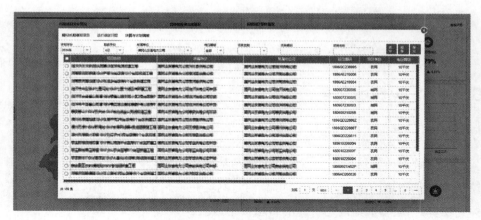

图 8-15 造价偏差查询界面

点击【查询】，根据筛选条件对此单位的项目造价偏差情况和进度偏差情况进行展示、预警。

点击右侧【查看详情】，弹出对应的问题项目明细清单。

2）进度偏差预警。进度偏差预警根据"进度跟踪"模块结论，分为应开未开、应投未投、应结未结、应决未决四类预警指标。其中应开未开和应投未投预警规则是未按照里程碑计划开工、投产的项目；应结未结预警规则是220kV及以上项目实际投产时间和结算时间相差超过100天；110kV及以下项目实际投产时间和结算时间相差超过60天；应决未决预警规则是220kV及以上项目结算时间和决算时间相差超过170天；110kV及以下项目结算时间和决算时间相差超过120天。进度偏差预警界面如图8-16所示。

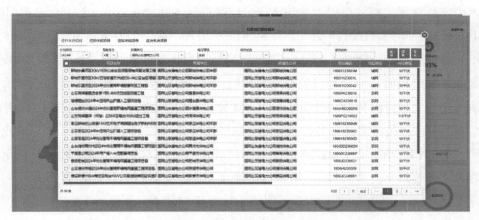

图 8-16 进度偏差预警界面

点击【查询】，根据筛选条件对此单位的项目进度偏差情况进行展示、预警。点击右侧【查看详情】，弹出对应的问题项目明细清单。

8.2.4　常见使用问答

问题 1： 电网基建项目的可研、计划、招标、结算、决算数据如何查询？

操作解答： 登录系统之后，点击电网基建项目管理—电网基建造价分析管控—电网基建造价管理，该界面可查询电网基建项目的可研—初设—计划—招标—结算—决算阶段的五项费用和总费用数据。

问题 2： 如何测算电网基建项目 2023 年的调整后投资计划数据？

操作解答： 登录系统之后，点击通用项目模型，可查看由 2020—2022 年历史项目所构成的历史项目库数据，将电网基建项目按照项目类型、统计方式、电压等级、建设阶段等维度计算出所对应的模型曲线，然后将 2023 年的项目去匹配模型曲线得出测算后的 2023 年投资计划数据。

问题 3： 电网基建看板界面的投资结余数据是怎么计算的？

操作解答： 投资结余数据是将电网基建项目的阶段分为初设、招标、结算、决算四个阶段，项目不同阶段所对应的投资结余测算公式也不相同。当项目阶段处于初设阶段时，调整量＝初设总投资－可研总投资；当项目阶段处于招标阶段时，只取项目有当年计划投产时间的项目进行调整量计算（不是本年计划投产的，调整量按 0 填入），调整量＝中标总费用－需求提报总费用，判断条件：当中标总费用－需求提报总费用大于 0，调整量按 0 填入，当 1－中标总费用/需求提报总费用×100%＞20%，调整量按 0 填入，对于判断条件中的两个条件不满足其中一个，就按 0 填入，都不满足之后才正常计算调整量；当项目阶段处于结算阶段时，取计划内项目有实际投产时间的项目进行结算阶段投资结余测算（如果项目没有投产时间则不进行测算，调整量按 0 填入），调整量＝结算总费用－截至去年累计下达投资计划－本年投资计划；当项目阶段处于决算阶段时，取计划内项目有实际投产时间且项目关闭时间不为空的项目进行投资结余测算，调整量＝决算总费用－截至去年累计下达投资计划－本年投资计划。

问题 4： 零购项目的 2023 年调整后投资计划是如何测算的？

操作解答： 登录系统之后，点击零购项目管理－零购项目调整辅助测算界面，该界面将项目分为招标阶段和入账阶段两大类，当项目在招标阶段时，测算调整后的投资计划就是需求提报总费用，需求提报总费用－投资计划＝投资结余，当项目在入账阶段时，测算调整后的投资计划就是入账费用，入账费用－投资计划＝投资结余。

8.3 项目中台电网智慧评价管理微应用

8.3.1 平台网址

平台网址为：http://20.1.39.51：20888/xmzt－sdeva。

8.3.2 功能模块

系统功能模块包括评价概览、数据管理、指标模型配置、单体项目评价、投资流向优化、典型经验分享、评价报告生成等功能模块。主要功能描述如下：

（1）评价概览。展示评价年项目基本信息（包括各维度项目数量及投资金额）以及分市、县的评价结果。

（2）数据管理。包括数据同步、数据校核、数据推送等二级功能。省、市各级单位按照收资大纲要求，通过数据同步获取项目中台已有基础数据信息，通过数据校核实现评价数据的手动上传和全量校验，通过数据推送将评价年基础数据推送至评价中心并获取评价结果。

（3）指标模型配置。省级管理单位按照年度全量后评价工作制订的指标模型，修改评价指标体系、评分规则及权重配置。

（4）单体项目评价。包括 35～500kV 单体项目评价、10kV 及以下单体项目评价等二级功能。省、市、县各级单位按照筛选条件对 35kV 及以上或 10kV 及以下的单体项目开展评价，形成项目评价结果（包括各级指标计算结果和评分），并统计分析各级单位评价结果分布情况。

（5）投资流向优化。结合单体项目评价结果，结合下一年度投资重点方向，形成所属单位维度的投资建议方案。

（6）典型经验分享。包括横向对比、纵向对比、典型经验成果库等二级功能。从横向（同级单位对比）及纵向（时间序列对比）两个维度，挑选各项指标评分排名前五的市公司，进行相应指标典型经验分享，并对相关工作流程提出问题反馈和意见建议，通过省公司审核形成典型经验成果库。

（7）评价报告生成。包括全量评价报告生成和项目评价报告生成等二级功能。通过选择需要生成报告的所属单位和对应年份，由应用自动生成评价报告，并提供预览、下载功能。

8.3.3　核心功能操作

（1）评价概览。输入登录名和用户密码，点击【登录】，进入系统评价概览。

评价概览展示评价年全省电网基建项目数量、投资金额等统计数据，展示 SDP（项目成功度）计算原理，以及各市、县单位 SDP 评分情况。可以通过下拉框切换区域，展示对应区域数据。点击地图可进行下探穿透查看下级区域数据。

（2）单体项目评价。35～500kV 单体项目评价模块展示了评价年 35～500kV 基建单体项目评价结果，包括项目名称、项目编码、所属单位、电压等级、项目类型的项目基本信息，以及项目成功度（SDP）的一级、二级、三级评价指标数值和项目决策评估（评分）。此功能仅省、市用户具备操作权限。单体项目评价界面如图 8-17 所示。

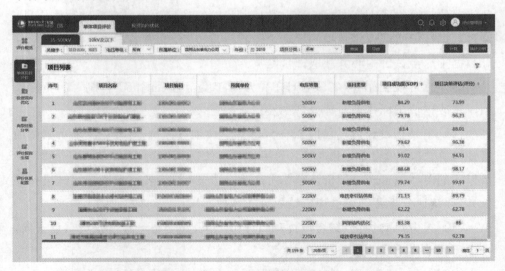

图 8-17　单体项目评价界面

点击【查询】，可根据关键字等查询条件，查看对应单体项目评价结果。

点击【导出】，可根据上述选取内容，导出对应单体项目评价结果，导出文件为.xlsx 格式。

点击【统计分析】，可进入评价结果统计分析页面。指标分析界面如图 8-18 所示。

图 8-18　指标分析界面

点击页面左侧指标树任一指标，可根据查询条件，查看对应单体项目评价结果的统计分析情况，统计按照 0~20、20~40、40~60、60~80、80~99、100 划分为 6 个统计区间。

点击页面右侧柱状图任一柱形，左侧弹出对应统计区间单体项目具体信息，指标对比界面如图 8-19 所示。

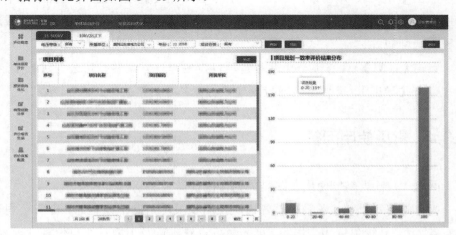

图 8-19　指标对比界面

（3）投资流向优化。35～500kV 投资建议方案页面中展示了包括本部在内的 17 家地市级单位的投资建议分配情况，10kV 及以下投资建议方案页面中展示了 17 家地市级单位的投资建议分配情况。投资流向优化界面如图 8－20 所示。

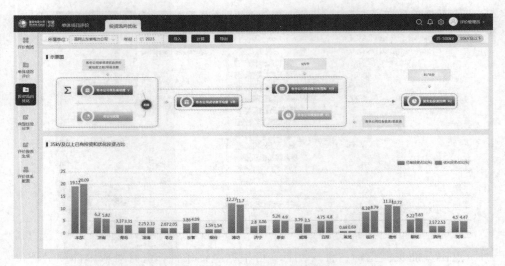

图 8－20　投资流向优化界面

点击【所属单位】，可选取省、市各级供电单位。

点击【年份】，可选取建议方案目标年。

点击【导入】，弹出数据导入页面，点击【上传】，选取文件路径上传下一年度投资数据文件（仅能上传.xlsx 文件）。可根据实际情况选择重新导入或追加导入两种模式。

点击【计算】，计算下一年度基建项目投资建议方案并按市公司进行展示。

点击【导出】，可导出当前投资建议方案，导出格式为.xlsx。

8.3.4　常见使用问答

问题 1：各级单位使用权限是如何分配的？

操作解答：目前，各级单位各模块使用权限均是向下兼容的，即省公司可查看省、市、县级单位相关内容，市公司可查看本市及下属县级单位相关内容，县公司仅可查看自身相关内容。

问题 2：如何发布典型经验？

操作解答：各级单位首先查看"典型经验分享"模块的指标排名情况，如本单位排名位于本级单位的前 20%（或对应排名为橙色），即有权限发布对应指标典型经验。发布方式分为上传文件和在线编辑两种，推荐使用上传文件模式，需要注意的是仅支持上传 PDF 文件。

附录 A 电网发展诊断分析指标体系（2024 版）

A.1 发展规模与速度

A.1.1 电网发展速度协调性

（1）GDP。GDP 增速为评估区域内 2019—2022 年期间国内生产总值 GDP 逐年增速，反映全省经济增长情况和增长趋势。

（2）电源。电源装机年均增长率为评估区域内 2019—2022 年期间电源装机总规模的逐年增速，反映该地区统计期间电源装机增长情况。

（3）负荷。统调最大负荷年均增长率为评估区域内 2019—2022 年期间统调最大负荷逐年增速，反映最高电力需求增长情况。

（4）电量。全社会用电量年均增长率为评估区域内 2019—2022 年期间全社会用电量逐年增速，反映电量需求增长情况。

（5）电网增速。变配（电）容量年均增长率为评估区域内 2019—2022 年 750－10kV 电压等级（变电和配电）容量总规模的逐年增速，反映该地区统计期间内变（配）电容量的增长速度。

线路长度年均增长率为评估区域内 2019—2022 年 750－10kV 电压等级线路规模的逐年增速，反映该地区统计期间内的线路规模的增长速度。

对比 GDP、电源、负荷、电量与电网变配电容量增长、线路长度增长情况分析电网发展协调性。

A.1.2 电网发展规模协调性

1. 单位电网规模支撑等效装机

该指标反映单位电网规模（变电容量、输电线路）支撑电源装机规模情况。统计范围为 500（750）kV。

计算方法

$$单位变电容量支撑等效装机容量＝等效电源装机/变电容量之和$$
$$单位线路长度支撑等效装机容量＝等效电源装机/线路长度之和 \quad （A-1）$$

式中：变电容量之和＝$\sum 500$（750）kV 公用变电容量；线路长度之和＝$\sum 500$（750）kV 线路长度；等效电源装机容量＝直接接入该电压等级电厂装机容量 ＋低电压等级水电、风电等汇集容量±交直流跨区跨省输入（输出）电力。（注：输入为正，输出为负）

2. 单位电网规模支撑用电负荷

该指标反映单位电网规模（变电容量、输电线路）支撑用电负荷规模情况。统计范围包括 220（330）kV。

计算方法

$$单位变电容量支撑用电负荷＝最高用电负荷/变电容量之和$$
$$单位线路长度支撑用电负荷＝最高用电负荷/线路长度之和 \quad （A-2）$$

式中：变电容量之和＝$\sum 220$（330）kV 公用降压变电容量；线路长度之和＝$\sum 220$（330）kV 公用线路长度；用电负荷为全省统调最高用电负荷，即最高发电负荷与跨省交换电力的同时刻最大值，其中输入为正，输出为负。

3. 分布式新能源承载率

该指标反映配电网网架对分布式新能源的承载情况。该指标适用于 110（66）、35、10（20）kV

计算方法

$$[1-出现反向重过载、电能质量问题的主（配）变数量/$$
$$接有分布式新能源的主（配）变总量]×100 \quad （A-3）$$

4. 可再生能源消纳情况统计

该指标表示电网与可再生能源发展协调情况，统计消纳的可再生能源电量、消纳比例、未能消纳的可再生能源电量及原因。

计算方法

$$风电消纳率＝风电发电量/（风电发电量＋未能消纳的风电量）×100\%$$
$$（A-4）$$

太阳能消纳率和水电消纳率参照式（A-4）计算。

$$风电系统调峰能力不足比例 = 风电因系统调峰能力不足导致$$
$$未能消纳电量/未能消纳的风电量 \qquad （A-5）$$

各类电源系统调峰能力不足比例、新能源超规模发展导致输送通道受限比例、其他原因比例参照式（A-5）计算。

5. 变电容载比

该指标整体上反映某一区域电网变电容量对于负荷的供电能力。容载比是评估区域内某一时刻投入的变电总容量与对应的负荷的比值。

$$R_S = \frac{\sum S_{ei}}{P_{max}} \qquad （A-6）$$

式中：R_S 为容载比，kVA/kW；P_{max} 为该电压等级最大负荷日最大负荷，万 kW；$\sum S_{ei}$ 为该电压等级年最大负荷日投入运行的变电站的总容量，万 kVA。

注：同一供电区域容载比应按电压等级分层计算。计算时该电压等级发电厂的升压变压器容量、区域间联络变容量、用户专变容量以及直供负荷容量不应计入。

该指标适用于 750、500（330）、220kV 电压等级，可参照《城市电力网规划设计导则》（Q/GDW 156—2006）规定数值。

6. 满足新增负荷情况

（1）容载比。容载比是 110-35kV 电网规划中衡量供电能力的重要宏观性指标，合理的容载比与网架结构相结合，可确保故障时负荷的有序转移，保障供电可靠性，满足负荷增长需求。

$$R_S = \frac{\sum S_{ei}}{P_{max}} \qquad （A-7）$$

式中：R_S 为容载比（MVA/MW）；P_{max} 为规划区域该电压等级的年网供最大负荷；$\sum S_{ei}$ 为规划区域该电压等级公用变电站主变容量之和。

容载比计算应以行政区县或供电分区作为最小统计分析范围，对于负荷发展水平极度不平衡、负荷特性差异较大（供电分区最大负荷出现在不同季节）的地区宜按供电分区计算统计。容载比不宜用于单一变电站、电源汇集外送分析。

省市级 110-35kV 电网容载比可通过下级容载比加权计算，权重可采用变变电容量、最大负荷或者电量等指标计算。

（2）网供负荷。该指标表示同一规划区域（省、市、县、供电分区、供电网格、供电单元等）、同一电压等级公用变压器同一时刻所供负荷之和。

分电压等级网供负荷计算方法如下

$$110（66）kV 网供负荷 = \sum 110（66）kV 公用变压器降压负荷 = 全社会$$

$$用电负荷 - 地方公用电厂厂用电 - 自发自用负荷（含孤网）-$$

$$110（66）kV 及以上电网直供负荷 - 220kV 直降 35kV 负荷 -$$

$$220kV 直降 10kV 负荷 - 35kV 及以下参与电力平衡发电负荷 \qquad （A-8）$$

$$35kV 总负荷 = 220kV 公用变电站 35kV 侧变电负荷 +$$

$$110kV 公用变电站 35kV 侧变电负荷 + 35kV 参与电力平衡发电负荷$$

$$（A-9）$$

$$35kV 网供负荷 = 35kV 总负荷 - 35kV 直供负荷 \qquad （A-10）$$

$$10kV 总负荷 = 220kV 公用变电站 10kV 侧变电负荷 + 110（66）kV$$

$$公用变电站 10kV 侧变电负荷 + 35kV 公用变电站 10kV 侧$$

$$变电负荷 + 10kV 参与电力平衡发电负荷 \qquad （A-11）$$

$$10kV 网供负荷 = 10kV 总负荷 - 10kV 直供负荷 \qquad （A-12）$$

（3）户均配变容量。该指标反映某一区域电网配变容量对于负荷的供电能力。

计算公式

$$户均配变容量 = 公用配变总容量 / 用户数 \qquad （A-13）$$

式中：用户数为低压居民用户数。

7. 可扩建主变容量占比

该指标表示某一电压等级变电站规划最终规模与目前投产规模的差值占目前投产变电容量的比例。该指标适用于 750、500（330）、220、110（66）、35kV 电压等级。

$$某一电压等级现有变电站可扩建容量（万 kVA）= \sum（某变电站规划$$

$$最终主变容量 - 目前已投运主变容量）（万 kVA）\qquad （A-14）$$

$$某一电压等级现有变电站可扩建容量占比 = 现有变电站可扩建容量$$

$$（万 kVA）/ 该电压等级现有变电站已投运容量之和（万 kVA）\qquad （A-15）$$

8. 新能源汽车承载率

该指标反映配电网网架对新能源汽车的承载情况。统计范围包括 10（20）kV

计算方法

$$（1-出现重过载、电能质量问题的配变数量/$$

$$接有充电设施的配变总量）\times 100\% \qquad （A-16）$$

A.1.3　电网结构

1. 750－220kV 平均单回线路长度

该指标反映某一电压等级两座变电站间的平均距离，反映电网网架的密集程度。

$$750-220kV 平均单回线路长度（km/回）=某一电压等级线路$$

$$回路长度总和（km）/某一电压等级线路回数（回）\qquad （A-17）$$

2. 110－35kV 平均线路长度

$$110（66）、35kV 平均线路长度（km/条）=110（66）、$$

$$35kV 线路长度合计（km）/110（66）、35kV 线路条数（条）\qquad （A-18）$$

该指标反映 110（66）、35kV 电网网架的密集程度。

统计口径：110（66）、35kV 电压等级。

3. 10（20）kV 电网线路互联率

$$10（20）kV 电网互联率（\%）=满足互联结构的 10（20）kV$$

$$线路条数（条）/10（20）kV 线路总条数（条）\qquad （A-19）$$

注：（1）仅统计公用线路。

　　（2）该指标反映 10（20）kV 线路满足互联结构的线路比例。

　　（3）统计口径：10（20）kV 电压等级。

4. 网架结构情况

（1）110－10kV $N-1$ 通过率。

$$110-10kV 电网 N-1 通过率（\%）=满足 N-1 的元件数量（个）/$$

$$总元件数量（个）\qquad （A-20）$$

注：元件包含变压器和线路两类；计算 $N-1$ 通过率时，应考虑本级和下一级电网的

转供能力。

统计口径：110（66）、35、10（20）kV 电压等级，其中 10（20）kV 仅计算主干线路设备的 $N-1$ 通过率。

（2）10kV 供电半径。中低压配电线路的供电距离是指从变电站（配电变压器）出线到其供电的最远负荷点之间的线路长度。

变电站的供电半径为变电站的 10（20、6）kV 出线供电距离的平均值。

5. 薄弱县域电网情况

薄弱县域电网主要包括以下几种情况：

（1）县域电网与主电网只有一条 110（66）kV 线路联络。

（2）联络线电压等级为 35kV 及以下。

（3）县域电网虽然与主网联络的 110（66）kV 高压线路超过一条，但均来自同一变电站。

（4）县域电网虽然与主网联络的 110（66）kV 高压线路超过一条，但存在长距离共用一条线路走廊的情况。

（5）虽然有来自不同变电站的两条及以上线路，但各条线路的供电区域不能互相转供，当其中一条线路停电时，县域电网供电容量低于县域电网最大负荷的 50%，或不能保证县域内重要用户的供电。

A.2　发展安全与质量

A.2.1　电网安全性

1. 220kV 及以上电网 $N-1$ 通过率

该指标为某一电压等级电网主要输变电元件（不考虑母线）满足 $N-1$ 标准的比例，用以检验电网结构强度和运行方式是否满足安全运行要求。该指标适用于 750、500、330、220kV 电压等级。

$$N-1 \text{ 通过率（\%）} = 满足 N-1 的元件数量（个）/总元件数量（个）$$

$$（A-21）$$

注：按照《电力系统安全稳定导则》（GB 38755—2019）的"第一级安全稳定标准"

来执行。不考虑辐射型结构的单台变压器的情况。开展 $N-1$ 校核时，原则上以夏大/冬大负荷为基础，考虑正常运行方式（不含主变检修方式）、事故后过载能力和负荷转供能力，逐台主变、逐条线路开展 $N-1$ 安全校核。

2. 220kV 及以上同塔双回线 $N-2$ 通过率

该指标考虑某一电压等级同塔双回线中满足 $N-2$ 的线路比例。该指标是有关电网结构强度的参考指标。该指标适用于 750、500、330、220kV 电压等级。

$$同塔双回线 N-2 通过率 = 满足 N-2 的同塔双回线回数（回）/$$
$$同塔双回线总回数（回） \qquad （A-22）$$

3. 220kV 及以上按暂稳控制线路占比

该指标用于分析电网的安全稳定水平。

$$按暂稳控制的线路占比（\%）= 按暂稳极限控制的线路回数（回）/$$
$$总线路回数（回） \qquad （A-23）$$

统计口径：适用于 750、500、330、220kV 电压等级。

4. 220kV 及以上短路电流水平

该指标指变电站母线短路电流超过开关遮断容量 80%、100%的母线数量及比例，适用于 750、500、330、220kV 电压等级。

5. 安全隐患

该指标是指电网在 $N-1$、同塔双回线路 $N-2$、$N-1-1$ 等故障方式下可能发生《电力安全事故应急处置和调查处理条例》（国务院令第 599 号）规定的特别重大事故、重大事故、较大事故、一般事故的隐患的数量。

A.2.2　电网设备水平

1. 设备运行年限

该指标是指 750-10kV 变压器和线路不同运行年限的设备数量及比例。

2. 退役设备平均寿命

该指标是指 750-220kV 变压器、断路器、隔离开关、全封闭组合电器的退役数量及平均退役寿命。

3. 设备水平提升、智能化普及情况

（1）（18）10（20）kV S7（S8）及以下高损耗配变台数比例指标内容

S7（S8）及以下配电变压器台数占比（%）＝S7（S8）及以下配电

变压器数量（台）/配电变压器总数量（台）×100%　　（A－24）

该指标指 10（20）kV 公用配电变压器中 S7（S8）及以下型号配电变压器台数分别占总公用配电变压器台数的比例。

统计口径：10（20）kV 电压等级。

（2）配电自动化覆盖率。指标内容

配电自动化覆盖率（%）＝实现配电自动化区域线路条数/

总线路条数×100%　　（A－25）

该指标反映该地区实现配电自动化区域 10（20）kV 线路的比例。

统计口径：10（20）kV 电压等级（公用电网）

A.2.3　供电质量

1. 低电压台区

该指标是指出现低电压的台区数量及比例。统计范围为 10（20）kV。

计算方法

低电压台区占比＝低电压台区总数/台区总数×100　　（A－26）

注：低电压台区是指低于标准电压 10% 以下并持续 2h。

2. 频繁停电台区

该指标是指出现频繁停电的台区数量及比例。统计范围为 10（20）kV。

计算方法

频繁停电台区占比＝频繁停电台区总数/台区总数×100

（A－27）

注：频繁停电台区是指 60 天内台区停电 3 次及以上的台区。

A.3 发展效率与效益

A.3.1 线路利用率

1. 750 – 220kV 线路最大负载率

该指标为线路年最大有功功率与线路经济输送功率比值,反映某一条输电线路的利用效率。

$$750 – 220kV \text{ 线路最大负载率} = \text{线路年最大有功功率(万 kW)}/$$
$$\text{线路经济输送功率(万 kW)} \quad (A – 28)$$

注:经济输送功率是按照经济电流密度选择的导线截面对应的输送功率,是使线路投资、电能损失、运行维护费等综合效益最佳时的输送功率。具体计算参照《电力系统设计手册》。

统计口径:正常运行方式下,按照 750、500、330、220kV 电压等级,按照火电、水电、风电、核电及其他类电源送出线、负荷馈供线、主网架线和联络线分别进行计算。

2. 110kV 及以下最大负载率分布

$$110(66) – 10kV \text{ 线路最大负载率(%)} = \text{线路最大工作电流(安)}/$$
$$\text{线路长期允许载流量(A)} \quad (A – 29)$$

110(66) – 10kV 线路最大负载率分布按 80% 以上、80%~60%、60%~40%、40%~20% 和 20% 以下五档,统计线路条数占比。

3. 全网 750 – 220kV 线路最大负载率

$$\text{线路最大负载率(全网)} = \frac{\sum_{i=1}^{n} \text{交流输电线路最大有功功率}}{\sum_{i=1}^{n} (\text{经济输送功率})}$$

式中:n 为该电压等级线路条数。

4. 750 – 220kV 等效平均负载率

该指标为线路年等效平均有功功率与线路经济输送功率比值,反映某一条输电线路的年平均利用效率。

$$线路年运行等效平均有功功率（万\,kW）=$$

$$线路年总输电电量（万\,kWh）/8760（h）\qquad（A-30）$$

$$线路年等效平均有功功率与线路经济输送功率比值=线路年等效$$

$$平均有功功率（万\,kW）/线路经济输送功率（万\,kW）\quad（A-31）$$

注：线路年总输送电量包括双方向输电电量的合计值。

统计口径：正常运行方式下，750、500、330、220kV 电压等级，按照火电、水电、风电、核电及其他类电源送出线、负荷馈供线、主网架线和联络线几类线路分别进行计算。

5. 全网 750-220kV 等效平均负载率

$$线路平均负载率（全网）=\dfrac{\sum\limits_{i=1}^{n}交流输电线路等效平均有功功率}{\sum\limits_{i=1}^{n}经济输送功率}\quad（A-32）$$

式中：n 为该电压等级线路条数。

A.3.2　主变利用率

1. 750-220kV 主变年最大负载率

指标内容：升压变、降压变主变年最大负载率。

$$主变年最大负载率（\%）=主变年最大负荷（万\,kW）/$$

$$额定主变容量（万\,kVA）\qquad（A-33）$$

统计口径：正常运行方式下，750、500、330、220kV 电压等级。

2. 110-35kV 主变年最大负载率分布

指标内容：单台主变年最大负载率。

$$主变年最大负载率（\%）=主变年最大负荷（万\,kW）/$$

$$额定主变容量（万\,kVA）\qquad（A-34）$$

统计口径：正常运行方式下，110（66）、35kV 电压等级。

110-35kV 按照 80% 以上、80%～60%、60%～40%、40%～20% 和 20% 以

下五档，统计主变台数占比。

3. 全网 750－220kV 主变年最大负载率

$$变压器最大负载率（全网）= \frac{\sum\limits_{i=1}^{n} 主变年最大负荷}{\sum\limits_{i=1}^{n} 变压器额定变电容量} \qquad （A－35）$$

式中：n 为该电压等级变压器台数。

4. 750－220kV 主变年运行等效平均负载率

指标内容：升压变、降压变主变年运行等效平均负载率。

主变年运行等效平均负载率（%）=（主变年下网电量＋主变年上网电量）/

（额定主变容量×8760） （A－36）

统计口径：正常运行方式下，750、500、330、220kV 电压等级。

5. 全网 750－220kV 主变年运行等效平均负载率

$$主变年运行等效平均负载率（全网）= \frac{\sum\limits_{i=1}^{n} 变压器年下(上)网电量之和}{\sum\limits_{i=1}^{n} (额定变电容量×8760)}$$

$$（A－37）$$

式中：n 为该电压等级变压器台数。

A.3.3　投资效益

1. 单位电网投资增供负荷

该指标指统计期间单位电网投资对应的增供负荷。主要反映电网投资产生的增供负荷效益。

某年单位电网投资增供负荷（kW/万元）=（当年统调最高用电负荷－

上一年统调最高用电负荷）(kW)/上年电网投资（万元）（A－38）

N 年单位电网投资增供负荷（kW/万元）=（第 M 年统调最高用电负荷－

第（$M-N$）年统调最高用电负荷）(kW)/N 年电网投资合计（万元）

$$（A－39）$$

例如：（2016 年统调最高用电负荷－2011 年统调最高用电负荷）(kWh)/

2011～2016 年累计电网投资（元）×100%

2. 单位电网投资增售电量

该指标指单位电网投资对应的增售电量。主要反映电网投资的经济效益。

$$某年单位电网投资增售电量（kWh/元）=（当年售电量-$$

$$上一年售电量）（kWh）/上年电网投资（元）　\qquad（A-40）$$

$$N 年单位电网投资增售电量（kWh/元）=（第 M 年售电量-$$

$$第（M-N）年售电量）（kWh）/N 年电网投资合计（元）（A-41）$$

例如：（2016 年售电量-2011 年售电量）（kWh）/2011～2016 年累计电网投资（元）×100%

3. 线损率

该指标指电网综合线损率、500（750）kV 线损率以及 10kV 及以下配电网线损率。

4. 可再生能源发电量

该指标指电网可再生能源发电量，包括水电、风电、光伏和其他可再生能源，反映社会效益。

5. 可再生能源接入占比

该指标指电网中接入可再生能源装机占电网总装机的比例。无电人口户数、人数。

该指标指地区无电人口户数、人数，反映电网公益服务的社会效益。

6. 节能减排

该指标指通过可再生能源发电减少的 CO_2 和 SO_2 气体排放量。

$$二氧化碳减排量（万 t）=可再生能源上网电量（亿 kWh）×$$

$$二氧化碳减排系数（万 t/亿 kWh）　\qquad（A-42）$$

$$二氧化硫减排量（万 t）=可再生能源上网电量（亿 kWh）×$$

$$二氧化硫减排系数（万 t/亿 kWh）　\qquad（A-43）$$

通过折算：按照计算标准取自中华人民共和国环境保护部网站，1kWh 电量=0.404kg 标准煤=0.997kg 二氧化碳=0.03kg 二氧化硫

经营状况指标的计算包括公司总部和省公司两种统计口径，其中公司总部数据由总部相关部门提供，省公司数据依托本次发展诊断分析工作归集。

A.4 分 析 指 标

A.4.1 经营效益

1. 单位电网资产供电负荷

该指标反映单位电网资产所产生的供电负荷。

$$单位资产供电负荷（kW/万元）=统调最高用电负荷（kW）/$$
$$平均电网固定资产原值（万元） \tag{A-44}$$

式中：平均电网固定资产原值=（上期期末电网固定资产原值+当期期末电网固定资产原值）/2。

2. 单位电网资产售电量

该指标指单位电网资产所产生的电量，表明资产的电量效果。

$$单位资产售电量（kWh/元）=售电量（kWh）/平均电网$$
$$固定资产原值（元） \tag{A-45}$$

3. 单位电网资产售电收入

该指标指单位电网资产所产生的售电收入，表明资产的收入效益。

$$单位资产售电收入（元/元）=售电收入（元）/$$
$$平均电网固定资产原值（元） \tag{A-46}$$

4. EBITDA 利润率

该指标是"税息折旧及摊销前利润"，反映了省公司的盈利能力。

$$EBITDA 利润率（\%）=EBITDA/营业收入×100\% \tag{A-47}$$

注：EBITDA=利润总额+利息费用+折旧+摊销。

5. 资产负债率

该指标反映了省公司的偿债能力。

$$资产负债率（\%）=负债总额/资产总额×100\% \tag{A-48}$$

6. 带息负债规模及比率

该指标反映企业负债结构中需要支付利息部分的比例。

$$带息负债规模（亿元）＝短期借款＋一年内到期的长期负债＋$$
$$长期借款＋应付债券＋带息应付票据 \qquad （A-49）$$

$$带息负债比率（\%）＝（短期借款＋一年内到期的长期负债＋$$
$$长期借款＋应付债券＋带息应付票据）/负债总额×100\%$$
$$（A-50）$$

7. 主营业务收入增长率

该指标反映了省公司主营业务的发展速度。

$$收入增长率（\%）＝（本期主营业务收入/上期主营业务收入－1）×100\%$$
$$（A-51）$$

8. 资本性资金投资保障率

该指标反映电网投资能力。

$$资本性资金投资保障率（\%）＝（折旧＋净利润＋财政拨款）/$$
$$当年固定资产投资完成数×100\% \qquad （A-52）$$

9. 自有资金比率

该指标反映企业自有资金对电网投资的支撑能力。

$$自有资金比率（\%）＝（折旧＋留存收益＋财政拨款－$$
$$当年还贷支出）/当年固定资产投资完成数×100\% \qquad （A-53）$$

式中：留存收益＝盈余公积＋未分配利润。

10. 营业现金比率

该指标反映企业营业收入中获得资金的能力。

$$营业现金比率（\%）＝经营活动产生的现金流入/营业收入 \qquad （A-54）$$

11. 研发经费投入强度

该指标反映企业在科技创新方面努力程度。

$$研发经费投入强度（\%）＝研发经费投入/营业收入×100\% \qquad （A-55）$$

12. 全员劳动生产率

该指标反映公司经济活动的重要指标，是公司生产技术水平、经营管理水平、职工技术熟练程度和劳动积极性的综合表现。

$$全员劳动生产率（元/人）＝劳动生产总值/全年平均从业人数$$
$$（A-56）$$

A.4.2 成本控制

1. 单位电量输配电成本

该指标反映了省公司单位售电量下的成本费用控制能力。

单位电量输配电成本（元/千 kWh）=输配电成本总额/售电量 （A−57）

式中：输配电成本总额＝输配电成本＋财务费用＋趸售电量×直供单位电量输配电成本。

趸售电量，是指对不属于网省公司合并报表范围内的地方县级供电企业的趸售电量，根据月度销售明细情况统计。

直供单位电量输配电成本暂统一采用本单位上一年度单位电量输配电成本值（决算数）。

该指标的分解指标主要有：单位电量折旧、单位电量材料费、单位电量修理费。

单位电量折旧（元/千 kWh）=本期计提折旧/售电量 （A−58）

单位电量材料费（元/千 kWh）=本期材料费支出总额/售电量 （A−59）

单位电量修理费（元/千 kWh）=本期修理费支出总额/售电量 （A−60）

2. 每万元电网资产运行维护费

该指标反映了单位电网资产运行维护费用的控制能力。

每万元电网资产运行维护费（元/万元）=输配电成本"三费"/
平均电网固定资产原值 （A−61）

式中：输配电成本"三费"＝输配电成本中自营材料费＋输配电成本中外包材料费＋输配电成本中外包检修费＋输配电成本中其他可控运营费用。

平均电网固定资产原值＝（上期期末电网固定资产原值＋当期期末电网固定资产原值）/2。

A.4.3 电价水平

1. 平均销售电价

平均销售电价（不含税，元/千 kWh）=本期销售收入/本期售电量 （A−62）

2. 平均上网电价

平均上网电价（不含税，元/千 kWh）＝本期购电成本/本期购电量

$$（A-63）$$

3. 线损折价

线损折价（元/千 kWh）＝平均上网电价×线损率/（1-线损率）　（A-64）

4. 平均输配电价

统计口径：经核定的一般工商业及其他用电平均电度电价（不同电压等级的不含税平均值，元/千 kWh）、经核定的大工业用电平均电度电价（不同电压等级的不含税平均值，元/千 kWh）

5. 单位电量电网成本价差比

该指标指当年单位电量输配电价与输配电成本的比值，用以衡量购销差价对成本的覆盖程度。

单位电量电网成本价差比＝输配电价（不含税）/单位电量输配电成本

$$（A-65）$$

6. 单位电量购售电成本售价比

该指标指当年销售电价对单位购售电成本的比，用以衡量售电价格对购电成本和输配电成本的覆盖程度。

单位电量购售电成本售价比＝售电价格（不含税）/

（单位电量购电成本＋单位电量输配电成本＋线损折价）　（A-66）

7. 电网输配电量占比

电网输配电量占比＝执行输配电价的售电量/总售电量×100%　（A-67）

附录 B 电网企业高质量发展指标体系（2023 版）

序号	指标分类	指标名称	计算公式	释义	牵头部门
1	本质安全	本质安全	本质安全水平 = 100 − 安全事故扣分项 − 安全隐患扣分项 （1）安全事故扣分项按照公司安全工作考核标准予以扣分； （2）安全隐患扣分项按照以下标准进行扣分：① 存在特别重大事故隐患，每 1 项扣 10 分；② 存在重大事故隐患，每 1 项扣 5 分；③ 存在较大事故隐患，每 1 项扣 3 分；④ 存在一般是隐患，每 1 项扣 1 分；⑤ 存在公司安全生产整治专项行动问题清单中未解决的其他电网安全隐患数量，每 100 项扣 1 分； （3）同一事故或安全隐患不重复扣分，扣完为止	安全事故：指发生生产安全、廉政安全、经营安全、社会责任风险 安全隐患扣分项：在 $N-2$、$N-1-1$ 等特殊故障方式下可能发生《电力安全事故应急处置和调查处理条例（国务院令第 599 号）》规定的特别重大事故、重大事故、较大事故、一般事故的隐患的数量，以及公司安全生产专项整治专项行动问题隐患清单中未解决的电网安全隐患数量，按照隐患等级和未解决隐患的数量予以扣分	安监部 安监部相关部门
2	安全质量	网架安全	网架安全 = {1 − [Σ（1 − 220kV 及以上某一电压等级 $N-1$ 通过率）] × 2/m} × 0.7 × 100 + {1 − [Σ（1 − 110kV 及以下某一电压等级 $N-1$ 通过率）] × 0.5/n} × 0.3 × 100 其中，m、n 分别为参与计算的电压等级数量	220kV 及以上 $N-1$ 通过率：电网满足 $N-1$ 原则的元件数量与元件总数之比，按照《电力系统安全稳定导则》要求评价 110kV 及以下 $N-1$ 通过率：在考虑下级电网转供能力的基础上，计算 110kV 电网，以及 35kV 和 10kV 城、农网线路 $N-1$ 通过率	发展部国调中心 发展部国调中心
3		设备安全	设备安全 = 100 − （输电线路故障停运率 × 0.5 + 变电设备故障停运率 × 0.5） （1）输电线路故障停运率 = Σ某一电压等级输电线路故障停运率/m × 100。 某电压等级输电线路故障停运率 = 运维该电压等级输电线路故障停运次数/运维输电线路百公里年数。 （2）变电设备故障停运率 = Σ某一电压等级变压器故障停运率/n × 10。 某电压等级变电设备故障停运率 = 运维该电压等级变压器故障停运次数/运维变压器百台年数。 其中，m、n 分别为参与计算的电压等级数量	输变电设备故障停运率：评价期内 220kV 及以上输变电设备在年度运行时间内停运次数	设备部

序号	指标分类	指标名称	计算公式	释义	牵头部门
4	安全质量	保供能力	保供能力＝（电力供应保障能力＋容载比分值＋有序用电情况）/3 （1）电力供应保障能力≥1，分值为100；电力供应保障能力＜1，分值为电力供应保障能力×100； （2）容载比评分＝500（750）kV 容载比分值×0.4＋220（330）kV 及以上电网容载比分值×0.4＋110kV 容载比分值×0.2，各电压等级容载比评分按照《城市电力网规划设计导则》；在导则要求范围内，分值为100；低于导则下限或高于上限，计算偏差程度，每偏差1%扣5分，扣完为止； （3）有序用电情况＝100－［（评价年最大限电负荷/最高用电负荷）＋累计有序用电天数/365］×10	电力供应保障能力＝（评价年最大负荷时刻的本地电源最大有效出力＋评价年最大负荷时刻的外受电通道有效能力）/评价年最大供电负荷	发展部国调中心
				容载比：某一供电区域、同一电压等级电网的公用变电设备总容量（扣除上网变和计划检修容量）与对应网供最大负荷时刻下网供负荷的比值	发展部
				有序用电情况：统计评价年全省实行有序用电的次数，以及每次有序用电的最大限电负荷、当期最大用电负荷、持续天数、限电原因等	国调中心营销部
5		电能质量	电能质量＝供电可靠率×0.5＋综合电压合格率×0.5 （1）供电可靠率＝（城网供电可靠率＋农网供电可靠率）/2×100； （2）综合电压合格率＝（城网综合电压合格率＋农网综合电压合格率）/2×100	供电可靠率：统计期间内为不计及因系统电源不足而需限电的情况，分城农网分别统计	设备部
				综合电压合格率：实际运行电压在允许电压偏差范围内累计运行时间（分钟）与对应总运行统计时间（分钟）的百分比，分城农网分别统计	设备部
6	服务品质	客户服务	客户服务＝（业扩报装时长达标率×0.5＋供电服务合规率×0.5）×100 （1）业扩报装时长达标率＝业扩报装服务时限达标率×0.5＋高压用户业扩配套电网工程时限达标率×0.5； （2）供电服务合规率＝（95598 业扩报装合规率×0.2＋95598 供电不间断率×0.2＋95598 供电质量合规率×0.2＋95598 计量服务合规率×0.2＋95598 电费服务合规率×0.2）×100－12398 转办事件属实数×0.01－供电服务查实事件数×0.01	业扩报装时长达标率：评价业扩报装服务时长及服务效率	营销部
				供电服务合规率：评价各类电网供电服务合规情况	营销部
7	绿色低碳	清洁消纳	清洁消纳＝（非水可再生能源发电利用率/非水可再生能源发电利用率考核值×0.5＋非水可再生能源电力消纳责任权重完成率×0.5）×100 按照国家年度考核要求进行评分	非水可再生能源发电利用率：评价省级行政区域本地风电、光伏等非水可再生能源实际发电量占理论可发电量的比例	发展部国调中心
				非水可再生能源电力消纳责任权重完成率：评价年按省级行政区域对电力消费规定应达到的可再生能源电量比重	发展部国调中心

续表

序号	指标分类	指标名称	计算公式	释义	牵头部门
8	绿色低碳	服务双碳	服务"双碳"=评价年服务"双碳"贡献力/综合计划目标值×100 　其中，服务"双碳"贡献力=服务社会碳减排量+公司自身碳减排量。 （1）服务社会碳减排量=非化石能源发电碳减排量+终端电能替代碳减排量+能效提升碳减排量+线损碳减排量+发电权交易碳减排量+电力需求响应碳减排量+供应链管理碳减排量； （2）公司自身碳减排量=输变电工程建设碳减排量+绿色运维碳减排量+办公用能碳减排量	服务"双碳"贡献力：评价年各省公司服务社会减碳和自身减碳排量之和	发展部
9	科技创新	科研成果	科研成果=（单位研发投入标准化研究成果数量+单位研发投入发明专利授权数量+单位研发投入科技成果获奖数量）/3 　按照公司平均水平为80分，各省公司按差值递增或递减进行评分	单位研发投入标准化研究成果数量=（评价年三年内参与制定国际标准数量×2+国家标准数量×2+行业标准数量×1.5+公司企业标准数量）/评价年三年内研究开发专项投入	科技部
				单位研发投入发明专利申请及授权数量=评价年三年内发明专利授权数量/评价年三年内研究开发专项投入	科技部
				单位研发投入科技获奖数量=（评价年三年内获得国家科学技术奖数量×2+中国专利奖数量×1.5+中国标准创新贡献奖数量×1.5+中国电力科技奖数量+省部级奖项数量）/评价年三年内研究开发专项投入	科技部
10		数字转型	数字转型=（数字基础设施支撑能力+产业数字化能力+数字产业化能力+产业带动能力）/4 （1）数字基础设施支撑能力=网络安全防控能力×（设备联网率+业务系统云化率）/2。 （2）产业数字化能力=（核心业务线上化率+数据资源利用率）/2。 （3）数字产业化能力由数字产业营收及营收增速折算得到。 （4）产业带动能力=平台累计交易规模/（平台累计投资费用+平台累计运维费用）	数字转型：评价公司数字化平台应用情况及数字化产业增收情况	数字化部

序号	指标分类	指标名称	计算公式	释义	牵头部门
11	运营效率	设备效率	设备效率＝电网设备利用率分值×0.5＋低效设备占比分值×0.5 其中，电网设备利用率分值＝Σ10kV 及以上各电压等级最大负载率分值/5×0.5＋Σ10kV 及以上平均负载率分值/5×0.5； 低效设备占比分值＝Σ各电压等级低效设备分值/5； 按照公司平均水平为 80 分，各省公司按差值递增或递减进行评分	电网最大负载率＝（线路最大负载率＋变压器最大负载率）/2 其中，线路最大负载率＝本年最大实际输送电力/线路经济传输功率，变压器最大负载率＝本年最大上（下）网电力/变压器额定容量。 电网平均利用率＝（线路平均负载率＋变压器平均负载率）/2 其中，线路平均负载率＝输送电量/（线路经济传输功率×8760），变压器平均负载率＝上下网电量/（变压器额定容量×8760）	发展部
				低效设备占比＝本电压等级低效设备数量/本电压等级设备数量 35kV 及以上低效设备是指连续两年平均负载率低于 10%、投运时间大于三年的设备。 10kV 低效设备是指连续两年平均负载率低于 5%、投运时间大于三年的设备	发展部
12		资产效率	资产效率＝单位固定资产售电量分值×0.5＋单位投资增售电量分值×0.5 按照公司平均水平为 80 分，各省公司按差值递增或递减进行评分	单位固定资产售电量＝评价年售电量/评价年固定资产原值	发展部财务部
				单位投资增售电量＝（评价年售电量–评价年前四年售电量）/Σ三年电网业务投资	发展部财务部
13		劳动效率	全员劳动生产率＝劳动生产总值/全部职工平均人数 按照公司平均水平为 80 分，各省公司按差值递增或递减进行评分	全员劳动生产率：评价全员劳动创造价值的效率	人资部财务部
14	经营效益	盈利能力	盈利能力＝净利润分值×0.5＋营业收入利润率分值×0.5 按照公司平均水平为 80 分，各省公司按差值递增或递减进行评分	归母净利润＝利润总额减去所得税费用及少数股东损益后的余额	财务部
				营业收入利润率＝息税折旧摊销前利润（EBITDA）/营业收入	财务部
15		成本管控	度电运营成本＝（购电成本＋人工成本＋折旧费用＋运维检修＋其他）/售电量 按照公司平均水平为 80 分，各省公司按差值递增或递减进行评分	度电运营成本：评价单位电量的成本水平及成本构成	财务部设备部发展部

序号	指标分类	指标名称	计算公式	释义	牵头部门
16	经营效益	负债水平	负债水平＝资产负债率分值×0.5＋带息负债比率评分×0.5＋自由现金流与带息负债比率评分×0.5 资产负载率按照国资委考核要求评分，带息负债比率、自由现金流与带息负债比率。 按照公司平均水平为80分，各省公司按差值递增或递减进行评分	资产负债率：评价省公司利用债权人提供资金进行经营活动的能力。 资产负债率＝负债总额/资产总额	财务部
				带息负债比率：评价省公司资金来源情况和偿债规模。 带息负债比率＝带息负债总额/负债总额×100%	财务部
				自由现金流与带息负债比率：从现金流量角度评价企业偿付负债的能力。 自由现金流与带息负债比率＝（净利润＋折旧）/带息负债	财务部

附录 C 省、市配电网投资问效指标体系（2023 版）

序号	维度	指标名称	指标释义与计算方式	判据	数据来源
1	效率效益	容载比	110～35 kV 容载比＝规划区域该电压等级公用变电站主变容量之和/规划区域该电压等级的年网供最大负荷	容载比计算以行政区县或供电分区作为最小统计分所范围，合理区间为 1.5～2.0（具体结合负荷增速判定）	网上电网
2		负载率	考虑设备最大负载率、平均负载率综合评估，确定低效设备。其中：线路平均负载率＝线路年总输电量/（线路经济输送功率×8760）；变电平均负载率＝（主变年下网电量＋主变年上网电量）/（额定主变容量×8760）；线路最大负载率＝线路年最大负荷/线路经济输送功率；变电最大负载率＝主变年最大负荷/主变额定容量	110～10 kV 设备最大负载率连续 2 年小于 20%，判定为轻载。110～35 kV 设备平均负载率连续 2 年低于 10%，10 kV 设备平均负载率连续 2 年低于 5%，判定为低效	网上电网
3		单位投资降损电量	110 kV 及以下单位投资降损电量＝（当年 110 kV 及以下供电量与售电量之差－上年 110 kV 及以下供电量与售电量之差）/近三年 110 kV 及以下电网投资	本单位指标较上年同比下降，或对公司整体指标贡献度较上年同比下降，判定为需要治理的事项	统计年报
4		单位投资增售电量	110 kV 及以下单位投资增售电量＝（当年 110kV 及以下售电量－上年 110 kV 及以下售电量）/近三年 110kV 及以下电网投资	本单位指标较上年同比下降，或对公司整体指标贡献度较上年同比下降，判定为需要治理的事项	统计年报
5		政策资金争取水平	政策资金争取水平＝当年争取用于配电网的中央和地方资金/当年 110 kV 及以下电网投资	本单位指标较上年同比下降，或对公司整体指标贡献度较上年同比下降，判定为需要治理的事项	统计年报
6	安全保供	$N-1$ 通过率	110－35kV 主变 $N-1$ 通过率＝满足 $N-1$ 的 110－35kV 主变台数/110－35kV 主变总台数。110－35kV 线路 $N-1$ 通过率＝满足 $N-1$ 的 110－35kV 线路条数/110～35kV 线路总条数	设备 $N-1$ 通过率较上年同比下降，判定为需要治理的事项。设备最大负载率达到 80% 以上，且不满足 $N-1$ 校核，判定为需要治理的事项	网上电网
7		10kV 有效互联率	10kV 有效联络率＝存在联络且具有负荷转移能力的 10kV 线路条数/10kV 线路总条数	A+、A、B 类地区要求 100% 互联	网上电网
8		供电可靠率	城网供电可靠率＝1－城网用户平均停电时间/总运行统计时间；农网供电可靠率＝1－农网用户平均停电时间/总运行统计时间	本单位城网或农网指标较上年同比下降，判定为需要治理的事项	统计年报

续表

序号	维度	指标名称	指标释义与计算方式	判据	数据来源
9	安全保供	可调节负荷占比	可调节负荷占比=可调节负荷/年度用电负荷最大值	可调节负荷占比未达到5%，判定为需要治理的事项	年度企业负责人业绩考核
10	优质服务	电压合格率	城网电压合格率=∑（城网运行电压偏差在限值范围内的累计运行时间)/总运行统计时间 农网电压合格率=∑（农网运行电压偏差在限值范围内的累计运行时间)/总运行统计时间	本单位城网或农网指标较上年同比下降，判定为需要治理的事项。本单位台区、线路和用户低电压问题，判定为需要治理的事项	统计年报
11		供电质量投诉率	供电质量投诉率=（电压质量长时间异常投诉数＋供电频率长时间异常投诉数＋频繁停电投诉数)/电力客户数	本单位指标较上年同比上升，判定为需要治理的事项	95598
12		单位投资增供扩销水平	单位投资增供扩销水平=当年新增业扩报装容量/当年各电压等级业扩配套投资 其中：业扩报装容量包括充电桩接入容量，业扩配套投资包括充电桩接网及配套电网改造投资	按照现行投资界面划分原则，本单位指标较上年同比下降，或明显高于相近省份水平和公司平均水平，判定为需要治理的事项	统计年报
13		分布式新能源承载率	分布式新能源承载率=区域内分布式新能源装机容量/区域内配变容量 其中：分布式新能源主要包括分布式光伏、风电和新型储能等	分布式新能源承载率越高，服务分布式新能源发展能力越强。分布式新能源接入的配变，容量占比在80%～100%的，严控新增接入；容量占比超过100%，判定为需要治理的事项（原则上通过优化接网方式治理，非必要不增容）	网上电网

附录 D　电网基建投资计划执行管控评分体系（2024 版）

分类	总分	权重	名称	说明	备注	评价标准
发展专业季度评价指标	100	25%	项目储备率	是指取得可研评审批复的 2025 年储备项目总投资（含争取开工项目）与近三年（2022—2024 年）220kV 及以下投资计划值（不含预列投资）平均值的比值	每月度分析每季度评价	季度项目储备率目标值一至三季度分别为 15%、40%、80%。每季度每不足目标值 5% 扣 2.0 分，最多扣 20 分
		25%	项目分解立项率	是指各单位投资计划分解值（已完成 ERP 建项）与投资计划值的比值	每月度分析每季度评价	季度项目分解率目标值一至三季度分别为 80%、90%、100%。每季度每不足目标值 1% 扣 1.0 分。最多扣 20 分
		50%	投资计划完成率	是指本年投资完成值与本年投资计划值的比值	每月度分析每季度评价	季度投资计划完成率目标值一至三季度分别为 15%、50%、75%，全年投资计划完成率偏差不超 ±0.5%。每季度每不足目标值 1% 扣 1.0 分，最多扣 20 分
发展专业年度评价指标	100	20%	前期工作完成率	是指每年 9 月底审查各单位电网基建计划需求建议时，考核纳入计划的 35kV 及以上新开工项目中取得评审意见项目与 35kV 及以上新开工项目总数量的比值	10 月份评价	完成率按 100% 得分；每偏差 1% 扣 1.0 分，最多扣 20 分
		20%	项目储备与投资计划的匹配率	是指 35kV 及以上取得核准项目和 10kV 及以下取得可研批复项目数量与下一年度纳入投资计划的项目数量的比值	12 月份评价	11 月上报国网年度电网基建计划时，储备项目比纳入投资计划的项目超出 0～30% 得满分；超出 130% 每增加 5% 扣 2.0 分，最多扣 20 分
		20%	项目调整率	是指调入计划项目数量与调出计划项目数量之和与年初安排项目数量的比值	每月度分析每年度评价	调整率 0～10% 得满分，超出 10% 每增加 1% 扣 1.0 分，最多扣 20 分
		20%	里程碑计划调整率	是指里程碑计划调整项目数量与年初安排项目数量的比值	每月度分析每年度评价	调整率 0～20% 得满分，超出 20% 每增加 1% 扣 1.0 分，最多扣 20 分
		20%	决算与计划偏差率	是指项目决算总投资与累计下达计划值的偏差与决算总投资的比值	每月度分析每年度评价	项目决算总投资与累计下达投资计划按 100% 得分；每条偏差 1% 的项目扣 2.0 分，最多扣 20 分

分类	总分	权重	名称	说明	备注	评价标准
财务专业	100	50%	年度投资计划与年度财务预算匹配率	是指各项目（不包括结转类项目）年度投资计划与年度财务预算的比值	每月度分析每季度评价	匹配率按 100%（±20%）得分；每偏差 1%扣 1.0 分，最多扣 20 分
		50%	超期未决算项目数量	是指 220kV 及以上项目在实际投产后超过 270 日未完成竣工决算关闭；110kV 及以下项目在实际投产后超过 180 日未完成竣工决算关闭的项目数量	每月度分析每季度评价	每出现一项超期未决算关闭项目扣 1.0 分，最多扣 20 分
建设专业	100	25%	35kV 及以上应开未开项目数量	是指超过计划开工时间未开工的项目数量	每月度分析每季度评价	每出现一项应开未开项目扣 4.0 分，最多扣 20 分
		25%	35kV 及以上应投未投项目数量	是指超过计划投产时间未投产的项目数量	每月度分析每季度评价	每出现一项应投未投项目扣 4.0 分，最多扣 20 分
		25%	35kV 及以上超长工期项目数量	是指 35kV 项目建设工期超 19 个月、110kV 项目建设工期超 19 个月、220kV 项目建设工期超 22 个月、500kV 项目建设工期超 24 个月	每月度分析每季度评价	每出现一项超合理工期项目扣 4.0 分，最多扣 20 分
		25%	35kV 及以上超期未结算项目数量	是指 220kV 及以上项目在实际投产后超过 100 日未完成工程结算编制和审核；110kV 及以下项目在实际投产后超过 60 日未完成工程结算编制和审核的项目数量	每月度分析每季度评价	每出现一项超期未结算项目扣 4.0 分，最多扣 20 分
		预警	35kV 及以上疑似停建项目数量	是指过去年份已开工仍未投产，本年度未安排投资计划、且本年度未发生投资的项目数量	每月预警	预警指标
			35kV 及以上疑似长期停滞项目数量	是指已报开工且当前未投产，连续 3 个月投资完成无变化的项目数量	每月预警	预警指标
			35kV 及以上开工即停工项目数量	是指已报开工且当前未投产，但无投资完成（自开始累计投资完成值为 0)的项目数量	每月预警	预警指标

分类	总分	权重	名称	说明	备注	评价标准
设备专业	100	20%	10kV 及以下应开未开项目数量	是指超过计划开工时间未开工的项目数量	每月度分析每季度评价	每出现一项应开未开项目扣 1.0 分，最多扣 20 分
		20%	10kV 及以下应投未投项目数量	是指超过计划投产时间未投产的项目数量	每月度分析每季度评价	每出现一项应投未投项目扣 1.0 分，最多扣 20 分
		20%	10kV 及以下内控长期挂账项目数量	是指 10kV 及以下常规项目 ERP 超过 12 个月未关闭；项目包 ERP 超过 18 个月未关闭的项目数量	每月度分析每季度评价	每出现一项长期挂账项目扣 2.0 分，最多扣 20 分
		20%	10kV 及以下超期未结算项目数量	是指实际投产后超过 60 日未完成工程结算编制和审核的项目数量	每月度分析每季度评价	每出现一项超期未结算项目扣 2.0 分，最多扣 20 分
		20%	系统建项不匹配项目数量	是指已在 ERP 建项但未在 PMS 系统建项的项目数量	每月度分析每季度评价	每出现一项系统建项不匹配项目扣 2.0 分，最多扣 20 分
		预警	10kV 及以下疑似停建项目数量	是指过去年份已开工仍未投产，本年度未安排投资计划、且本年度未发生投资的项目数量	每月预警	预警指标
			10kV 及以下疑似长期停滞项目数量	是指已报开工且当前未投产，连续 3 个月投资完成无变化的项目数量	每月预警	预警指标
			10kV 及以下开工即停工项目数量	是指已报开工且当前未投产，但无投资完成（自开始累计投资完成值为 0）的项目数量	每月预警	预警指标
			10kV 及以下预安排项目投产率	是指本年预安排项目实际投产数量与本年预安排项目总数量的比值	7 月份预警	预警指标
物资专业	100	100%	物资供应保障率	是指月度物资供应计划实际到货入库金额与月度物资供应计划总金额的比值	每月度分析每季度评价	保障率按 100%得分；每偏差 1%扣 1.0 分，最多扣 20 分
		预警	在建项目领用配电容量不合理项目数量	是指累计领料配电容量大于初设规模的中低压项目数量	每月预警	预警指标

续表

分类	总分	权重	名称	说明	备注	评价标准
物资专业	100	预警	在建项目领用线路长度不合理项目数量	是指累计线路长度超初设规模 10%且领料线路长度−初设线路长度大于 0.05km 的中低压项目数量	每月预警	预警指标
加分项	20	100%	争取地方资金和政策支持	提供有效争取地方资金和政策支持的证明（如银行回单、凭证，政府拨款文件、政策文件等）	每月度分析每季度评价	每次根据实际争取情况加分，最高 20 分

附录 E　电网基建项目后评价指标体系（2024 版）

35～500kV 电网基建项目后评价指标体系

一级指标	一级指标权重	二级指标	二级指标权重	三级指标	三级指标权重	指标释义	0	20	40	60	80	100
项目决策评估	0.4	规划编制	0.3	项目规划一致率	1	项目规划一致率＝［1－（0.1×|（实际投产年－规划投产年）/3|＋0.3×|（规划投资－可研估算投资）/规划投资|＋0.2×|（规划变电容量－可研批复变电容量）/规划变电容量|＋0.4×|（规划线路长度－可研批复线路长度）/规划线路长度|）×100%	0	0～20%	20%～40%	40%～60%	60%～80%	80%～100%
		可研执行	0.7	可研投资一致率	0.2	可研投资一致率＝1－|可研投资偏差|，其中，可研投资偏差＝（可研估算投资－工程决算投资）/可研估算投资×100%	0	0～20%	20%～40%	40%～60%	60%～80%	80%～100%
				可研规模一致率	0.2	可研规模一致率＝1－|可研规模偏差|，其中，可研规模偏差＝［0.5×（可研批复变电容量－实际建设变电容量）/可研批复变电容量＋0.5×（可研批复线路长度－实际建设线路长度）/可研批复线路长度］×100%	0	0～20%	20%～40%	40%～60%	60%～80%	80%～100%
				负荷预测准确率	0.3	负荷预测准确率＝1－|负荷预测偏差|，其中，负荷预测偏差＝（负荷预测值－实际负荷值）/负荷预测值×100%	0	0～20%	20%～40%	40%～60%	60%～80%	80%～100%
				电量预测准确率	0.3	电量预测准确率＝1－|电量预测偏差|，其中，电量预测偏差＝（电量预测值－实际电量值）/电量预测值×100%	0	0～20%	20%～40%	40%～60%	60%～80%	80%～100%

续表

一级指标	一级指标权重	二级指标	二级指标权重	三级指标	三级指标权重	指标释义	0	20	40	60	80	100
建设管控评估	0.2	建设管控	0.7	建设工期合理性	0.25	工程实际建设进度与合理工期相比，是否在合理工期、滞后。评估结果为合理工期、滞后。根据《国家电网公司输变电工程进度计划管理办法》，110（66）～500kV合理工期分别为：10～13、13～16、15～18个月	滞后		—			合理
				投产计划一致性	0.25	工程实际投产时间与综合计划投产时间的比较。偏差在3个月内评价为合理，其余为不合理	不合理		—			合理
				项目投产及时性	0.25	项目是否在计划投产年内投产。评估结果为是或否	否		—			是
				工程结算时效性	0.25	工程实际投产到提交结算报告时间（财务提线下供）与合理结算时间相比，是否在合理范围内。评估结果为合理、不合理。根据《国家电网有限公司工程财务管理办法》要求，220kV及以上合理时间为出具启动验收证书后100日内；110kV及以下合理时间为结算时间为60日内	不合理		—			合理
		造价管控	0.3	投资结余率	1	投资结余率＝（初设批复概算投资－财务工程决算投资）/初设批复概算投资×100%	60%～75%	45%～60%	30%～45%	15%～30%	10%～15%	0～10%
效率效益评估	0.4	运行效率	0.5	最大负载率	0.35	工程最大负载率为设备最大负载率的平均值。输变电工程和扩建工程为主变最大负载率的平均值。仅涉及线路的工程最大负载率为线路最大负载率的平均值。计算近三年数据。变压器（线路）最大负载率＝变压器（线路）最大负荷/变压器额定容量（线路长期输送功率）×100%	小于20%或大于80%	20%～25%	25%～30%	30%～40%	40%～50%	50%～80%

一级指标	一级指标权重	二级指标	二级指标权重	三级指标	三级指标权重	指标释义	0	20	40	60	80	100
效率效益评估	0.4	运行效率	0.5	平均负载率	0.35	工程平均负载率为设备平均负载率的平均值。输变电工程和扩建工程为主变平均负载率的平均值。仅涉及线路的工程平均负载率为线路平均负载率的平均值。计算近三年数据。变压器（线路）平均负载率＝变压器（线路）平均负荷/变压器额定容量（线路长期输送功率）×100%	小于10%或大于50%	10%～12.5%	12.5%～15%	15%～20%	20%～25%	25%～50%
				项目运行成效指数	0.2	项目运行成效指数＝0.5×（最大负载率/50%）＋0.5×（平均负载率/20%）	0	0～40%	40%～60%	60%～80%	80%～100%	大于100%
				项目达产度	0.1	项目达产三年内实现最大负载率大于 50%且平均负载率大于 20%	否	—	—	—	—	是
		投资效益	0.5	单位投资年度输送电量	0.25	单位投资年度输送电量＝当年输送电量/项目投资	0	0～0.2	0.2～0.5	0.5～1	1～1.5	大于等于 1.5
				工程转资率	0.25	工程转资率＝工程转资金额/初设概算投资×100%。其中，转资金额为决算不含税金额。评估为合理或不合理。75%及以上为合理，低于75%为不合理	0	0～20%	20%～40%	40%～60%	60%～75%	大于等于 75%
				动态投资回收期	0.25	$P_t = T-1+\dfrac{\left\|\sum\limits_{t=1}^{T-1}(CL-CO)_t(1+i_c)^{-t}\right\|}{(CL-CO)_T(1+i_c)^{-T}}$ 其中，P_t 为动态投资回收期，T 为累计净现金流量出现正值的年份，CL 为现金流入，CO 为现金流出，i_c 为基准收益率	大于25 年	20～25年	15～20年	10～15年	5～10年	小于等于 5 年
				内部收益率	0.25	$\sum\limits_{t=1}^{n}(CL_1-CO_1)_t(1+IRR_1)^{-t}=0$ 其中，CL_1 为现金流入量，CO_1 为现金流出量，IRR_1 为内部收益率	小于7%	7%～8%	8%～9%	9%～9.5%	9.5%～10%	大于等于 10%

10kV 电网基建项目后评价指标体系明细

一级指标	一级指标权重	二级指标	二级指标权重	三级指标	三级指标权重	指标释义	0	20	40	60	80	100
项目决策评估	0.2	可研执行	1	可研投资一致率	0.5	可研投资一致率＝1－|竣工决算投资－可研估算投资|/可研估算投资×100%	0	0～20%	20%～40%	40%～60%	60%～80%	80%～100%
				可研规模一致率	0.5	可研规模一致率＝(1－|实际线路长度－可研批复线路长度|/可研批复线路长度×100%)或(可研配变容量一致率＝1－|实际配变容量－可研批复配变容量|/可研批复配变容量×100%)	0	0～20%	20%～40%	40%～60%	60%～80%	80%～100%
建设管控评估	0.2	建设管控	1	建设工期合理性	0.3	ERP 系统建项至关闭时间是否在合理工期内。评估结果为合理工期、滞后。10kV 合理工期为：1～12 个月	滞后		—			合理
				项目投产及时性	0.4	项目是否于计划投产年内投产。评估结果为是或否	否		—			是
				工程结算时效性	0.3	工程实际投产（PMS 系统中投产时间）到接收结算报告时间（财务线下提供）与合理结算时间相比，是否在合理范围内。评估结果为合理、不合理。根据《国家电网有限公司工程财务管理办法》要求，10kV 及以下项目合理结算时间为 60 日内	不合理		—			合理
效率效益评估	0.6	目标达成	0.3	消除线路单辐射达成率	0.25	消除线路单辐射准确率＝1－(可研预计解决线路单辐射问题数－实际解决线路单辐射问题数)/可研预计解决线路单辐射问题数×100%	100%以下		—			100%及以上
				提升线路 N-1 达成率	0.25	消除线路 N-1 准确率＝1－(可研预计解决线路 N-1 问题数－实际解决线路 N-1 问题数)/可研预计解决线路 N-1 问题数×100%	100%以下		—			100%及以上

一级指标	一级指标权重	二级指标	二级指标权重	三级指标	三级指标权重	指标释义	0	20	40	60	80	100
效率效益评估	0.6	目标达成	0.3	消除线路重过载达成率	0.25	消除线路重过载准确率=1−（可研预计解决线路重过载问题数−实际解决线路重过载问题数）/可研预计解决线路重过载问题数×100%	100%以下			—		100%及以上
				消除配变重过载达成率	0.25	配变重过载准确率=1−（可研预计解决配变重过载问题数−实际解决配变重过载问题数）/可研预计解决配变重过载问题数×100%	100%以下			—		100%及以上
				消除台区低电压达成率	0.25	消除台区低电压达成率=1−（可研预计解决低电压台区问题数−实际解决低电压台区问题数）/可研预计解决低电压台区问题数×100%	100%以下			—		100%及以上
				消除老旧或安全隐患达成率	0.25	消除老旧或安全隐患达成率=1−（可研预计解决老旧或安全隐患设备数−实际解决老旧或安全隐患设备数）/可研预计解决老旧或安全隐患设备数×100%	100%以下			—		100%及以上
				提升户均配变容量达成率	0.25	提升户均配变容量达成率=1−（可研预计提升户均配变容量−实际提升户均配变容量）/可研预计提升户均配变容量×100%	100%以下			—		100%及以上
		运行效率	0.3	线路（配变）最大负载率	0.5	项目涉及线路（配变）近三年每年最大负载率	小于20%或大于80%	20%～25%	25%～30%	30%～40%	40%～50%	50%～80%
				线路（配变）平均负载率	0.5	项目涉及线路（配变）近三年每年平均负载率	小于10%或大于50%	10%～12.5%	12.5%～15%	15%～20%	20%～25%	25%～50%
		投资效益	0.4	配变单位投资供电量	0.25	配变单位投资供电量=各配变供电量之和/项目总投资	占平均值20%以下	占平均值20%～40%	占平均值40%～60%	占平均值60%～80%	占平均值80%～100%	平均值及以上

续表

一级指标	一级指标权重	二级指标	二级指标权重	三级指标	三级指标权重	指标释义	0	20	40	60	80	100
效率效益评估	0.6	投资效益	0.4	工程转资率	0.25	工程转资率＝工程转资金额/初设概算投资×100%。其中，转资金额为决算不含税金额。评估为合理或不合理。75%及以上为合理,低于75%为不合理	0	0～20%	20%～40%	40%～60%	60%～75%	大于等于75%
				动态投资回收期	0.25	$P_t = T - 1 + \dfrac{\left|\sum_{t=1}^{T-1}(CL-CO)_t(1+i_c)^{-t}\right|}{(CL-CO)_T(1+i_c)^{-T}}$ 其中，P_t为动态投资回收期，T为累计净现金流量出现正值的年份，CL为现金流入，CO为现金流出，i_c为基准收益率	大于25年	20～25年	15～20年	10～15年	5～10年	小于等于5年
				内部收益率	0.25	$\sum_{t=1}^{n}(CL_1-CO_1)_t(1+IRR_1)^{-t}=0$ 其中，CL_1为现金流入量，CO_1为现金流出量，IRR_1为内部收益率	小于7%	7%～8%	8%～9%	9%～9.5%	9.5%～10%	大于等于10%

附录 F　典型项目后评价收资清单（2024 版）

序号	提资部门	文件	说明	资料提供情况	备注
1	发展部				
1.1		包含本工程的电网规划	必须提供		
1.2		项目前期计划	必须提供		
1.3		项目可行性研究委托函	必须提供		
1.4		项目可行性研究报告及相关专题报告	必须提供		
1.5		项目可行性研究估算书	必须提供		
1.6		项目可行性研究报告评审意见	必须提供		
1.7		项目可行性研究批复意见	必须提供		
1.8		项目核准发文	必须提供		
1.9		建设用地预审意见	必须提供		
1.10		投产前、后地理接线图	必须提供		
1.11		环境影响报告书	必须提供		
1.12		环评批复文件	必须提供		
1.13		水保批复文件	必须提供		
1.14		选址意见书	必须提供		
1.15		各类专题研究立项申请书	如有请提供		
1.16		项目投资计划发文及附表（跨年项目提供各年投资计划）	必须提供		
1.17		工程前期大事记、协调工作及相关会议纪要，含站址、路径比选过程资料、会议纪要等	如有请提供		
1.18		统计年鉴（含全社会用电量、工业用电量，供电量、售电量、网供最大负荷）	必须提供		
2	建设部	500kV 工程由建设公司提供			
2.1		勘测设计合同	必须提供		
2.2		施工合同	必须提供		
2.3		监理合同	必须提供		

续表

序号	提资部门	文件	说明	资料提供情况	备注
2.4		其他服务合同（可研委托合同、环评合同、专题研究、生产准备培训、变电站标牌制作、造价咨询合同、招标代理委托）	必须提供		
2.5		合同变更单	如有请提供		
2.6		项目开工报告	必须提供		
2.7		分部分项工程各类开工报审表	必须提供		
2.8		施工许可证	必须提供		
2.9		建设工程规划许可证	必须提供		
2.10		项目初步设计文件（终板）	必须提供		
2.11		项目批复初设概算书	必须提供		
2.12		项目初步设计评审意见	必须提供		
2.13		项目初步设计批复文件	必须提供		
2.14		项目施工图设计文件（终版）	如有请提供		
2.15		项目设施预算书	如有请提供		
2.16		项目施工图设计评审意见	如有请提供		
2.17		项目施工图设计批复文件	如有请提供		
2.18		设计变更单	如有请提供		
2.19		设计单位总结	必须提供		
2.20		里程碑进度计划或一级网络计划	如有请提供		
2.21		创优实施细则	必须提供		
2.22		施工组织设计	必须提供		
2.23		施工总结	必须提供		
2.24		监理规划	必须提供		
2.25		监理实施细则	必须提供		
2.26		监理月报	必须提供		
2.27		监理工作总结	必须提供		
2.28		施工图会审及技术交底会议纪要	必须提供		
2.29		设备监造合同	如有请提供		
2.30		设备监造总结	如有请提供		

序号	提资部门	文件	说明	资料提供情况	备注
2.31		建设单位总结	必须提供		
2.32		项目建设过程各类会议纪要等相关文件	如有请提供		
2.33		分部试运与整套启动验收报告	如有请提供		
2.34		启动调试阶段的总结报告	必须提供		
2.35		达标投产验收申请和批复报告	必须提供		
2.36		水土、环境监测相关资料	如有请提供		
2.37		工程结算报告及附表	必须提供		
2.38		工程结算审核报告及审核明细表	必须提供		
2.39		消防、工业卫生、档案等各类专项验收相关文件	如有请提供		
2.40		各类专题研究结题验收材料，包含工作报告、技术报告、科研成果如论文、专利等	如有请提供		
2.41		竣工验收报告	必须提供		
2.42		项目各类获奖文件、报奖申报材料	如有请提供		
2.43		主要设备材料的采购台账（含设备材料名称，数量、金额等）和招标材料	如有请提供		
2.44		设计单位、施工单位、监理单位中标单位投标文件	必须提供		
2.45		水保专项验收报告及批复文件	必须提供		
2.46		"四通一平"总结报告	如有请提供		
3	财务部	（500kV 由建设公司配合提供部分资料）			
3.1		财务决算报告及附表；决算批复发文	必须提供		
3.2		设计、施工和监理费支付台账（对应设计、施工、监理合同金额的支付时间及内容）	必须提供		
3.3		固定资产折旧政策情况表	必须提供		
3.4		企业经营情况和项目资产情况数据	必须提供		
4	物资部				
4.1		物资采购合同（若无法提供合同原件请提供合同数量及总金额）	必须提供		
5	建设部				

序号	提资部门	文件	说明	资料提供情况	备注
5.1		环境专项验收报告及批复文件	必须提供		
6	超高压公司				
6.1		年度或月度运行总结报告（如无，请提供公司年度运行总结报告）	如有请提供		
6.2		缺陷清单及消缺情况	必须提供		
6.3		运行维护管理机构的设置情况、人力资源配置情况及培训情况	必须提供		
7	设备部（运检部）				
7.1		工程投运年至 2023 年年度可靠性分析报告（如无，请提供公司年度可靠性分析报告）			
7.2		项目关联设备整体运行数据	必须提供		
8	调控中心				
8.1		项目关联设备运行数据	必须提供